U0590918

国宝之旅·山西

杨平·主编

浙江摄影出版社
全国百佳图书出版单位

目录 CONTENTS

序

杨平

毫无疑问，这将是一段非常美妙而又极其奢华的文化之旅。

在开始这段旅行之前，你对山西的认知或许还停留在一般人所持有的茫然状态。当你抱着惊异的眼光，迈着兴奋的步履走遍山西后，我可以毫不夸张地说，赞美之词会自然而然地从你的口中源源不断地流淌出来，你已经把你的爱和激情留在你走过的每一块山西的土地上，同时带着诸多惊讶、诸多美好，心甘情愿地作为一名此地的文化传播者，对于你所目睹的古代经典津津乐道，然后带着与你趣味相投的一干朋友，再度奔向那个令你兴奋不已的地方——山西。

或许有人怀疑我对来到山西的文化旅行者们所表现出的激情的预测，或许还有人送给我一个高妙但肯定不算是赞美的评语：这家伙就是一个情绪激动的“鼓动家”！——这正是我乐意接受的称呼。我之所以有这样的勇气或者底气担当“吹鼓手”，当然是有自身对这一地域文化的认知以及其足够雄厚的物质背景作为基础。无须过多的言辞夸耀，“中国古典建筑博物馆”“中国寺观彩塑博物馆”“中国壁画博物馆”……在各路专家毫不吝啬地送给山西的这些称誉中，人们已经领略到了其文化的独特与厚重。

没错，一般人对山西的印象，已经印证了上天赐给它的特别恩情。而让中外艺术家、建筑设计家、文化研究者流连忘返的古典艺术和建筑精华，则印证了历史对山西多情的顾盼。500多处、数量居中国之冠的国保单位，无疑给了我游说于国内外的本钱。不论是在熙攘城市中狭隘的小巷里，还是在郊外恢宏的殿宇中，无论是在塞外高坡寂寥的千年古刹里，还是在汾河边上风情依旧的古镇中，能有机会瞻仰一座座古建筑，仔细欣赏每一尊塑像的细腻，品味每一幅壁画的含义，追溯其所呈现的精彩历史，寻觅古人朴素的信仰脉络，都是一件十分有趣而幸福的事情。从晋南到晋北、从太行山到黄河，走过的每一地都长久地镌刻在我的心头。我不能悄然无闻地独吞这份美好——与他人分享生命中掠过的难忘记忆，或许也是一种美德。

我能简约叙述的是，当你怀揣着好奇踏上这片土地时，中国古代宗教、历史、民俗所构成的一段段妩媚故事，犹如一幅幅迷人的画卷，慢慢地铺展开来：曲沃晋国博物馆里精妙的战车、青铜器，带你穿越遥远的历史；大同云冈石窟中空前绝后的精美雕刻，让你心旷神怡；五台山佛光寺里恢宏的大跨度唐代无梁殿和气度非凡的雕塑，让你难以忘却；古晋阳城外的晋祠里宋塑侍女的低眉顾盼，让你铭记心头；耸立在朔州平原、被誉为“世界建筑奇迹”之一的应县木塔，当你惊鸿一瞥，疑为天造；大同下华严寺婉丽动人的菩萨、运城永乐宫线条精妙的元代壁画、平遥双林寺气定神闲的罗汉、临汾广胜寺熠熠闪光的琉璃塔和仪态万方的林间梳妆女子……只言片语难以详尽。

至于路途中看到关帝故里的黄河古渡、晋商崛起地之一的太行山古堡、中国金融业发展摇篮的晋中大院，那是艺术欣赏之旅中必然得到的额外收益。而豁达的山西乡民和其淳朴、悠然的生活状态，无疑也是在路途中为你留下喜悦和情分的重要因素。

我不能再铺张笔墨，只能告诉你：在这片神奇的土地上，即使你低调地悄然行走，也必然会带着意想不到的惊叹再次高调回头。

是的，无须迟疑，这就走，踏上国宝之旅！

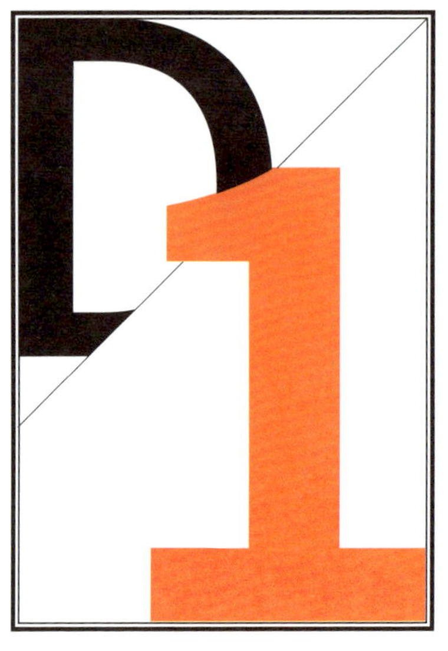

山西中部（秦代古太原郡）

- ○ **太原**——龙兴之地，千年古城
- ○ **忻州**——晋北锁钥，佛教名山
- ○ **阳泉**——女娲炼石地，赵孤藏洞处
- ○ **晋中**——晋商故里，汇通天下
- ○ **吕梁**——女皇梓乡，白酒源头

山西中部地区包括太原、晋中、忻州、阳泉和吕梁市，为中国首次大一统并实行郡县制时的秦太原郡（公元前 247 年已有此称，郡治在晋阳古城）的绝大部分辖地。其东依太行山，西临黄河，北至句注山，南接富饶的河东地区，汾河、滹沱河蜿蜒其间。

太原盆地和忻定平原，是农耕文明时北方游牧民族最觊觎的粮食产地之一，也是少数民族野心家问鼎中原需要跨越的战略要地。因此，在雁门关下，在太原古城，在晋中各地上演了一场场中原王朝与少数民族政权之间的杀伐之战，豪门望族的兴衰、豪商巨贾的豪迈与文人的风骚，共同构成了此地的历史传奇。

春秋时期，《赵氏孤儿》故事的主人公赵武劫后余生，发愤图强，成为晋国六卿之一；赵武之孙赵鞅——赵国奠基人，在汾河西岸建造晋阳城，使赵国成为战国七雄之一。汉末，自称有皇家血统的匈奴后裔刘渊（今忻州人）趁西晋“八王之乱”，自称汉帝，开启了延续 130 多年的五胡十六国的乱世。北魏末，掌军国大权的重臣高欢在河北邯郸建傀儡政权（东魏），自居晋阳大丞相府遥控指挥；其次子高洋建立北齐后，“都邯郸，居晋阳，固城墙，扩殿宇”，使晋阳古城焕然立于汾河西岸。隋炀帝修建了从太原到河北地区的交通大道，在古城建造“晋阳宫”，带群臣视察雁北军情时被围代州城（今代县）。其表兄弟李渊率诸子一起启动了问鼎皇位的行动计划，发兵晋阳，进军长安，建立大唐。唐显庆五年（660），已母仪天下的皇后——吕梁文水县的女子武则天陪唐高宗回到晋阳城，宴请亲朋故旧（登上大周帝位后改太原为“北京”）。北宋初年，宋太宗亲率大军日夜围攻晋阳城，当北汉皇帝着缟衣出城降服后，他因古晋阳城的坚固和其“出产”各类大小帝王的运势而怒，为泄愤先是举火焚毁，后又引水倒灌。这座存在了近 1500 年、几代帝王苦心经营的晋阳古城，从此湮没在历史洪流中。

当一代代帝王、英雄豪杰在山西腹地挥洒了自己的智慧、勇敢和谋略后，这块战争的热土，从明朝开始，成为商人施展经营天赋的福地，闻名于世的晋商从此以更加亮丽的形象出现在世人的视野中，“纵横欧亚九千里，称雄商界五百年”。晋中地区的平遥、祁县、太谷等古城，成为中国现代金融业的摇篮，“汇通天下”昭示了一代银行家的雄心壮志，他们曾经居住的古城、豪宅大院，成了今人赞叹的一道道旅游风景。

帝王将相惦记的地方，自然少不了军事天才、豪门望族和出类拔萃的文人。太原王氏因累世公卿而为“天下第一家”——战国四大战将之一王翦为其始祖，东汉时有司徒王允，两晋时出了 11 位宰相、3 位皇后……太原王氏是唐初“五姓七望”里最早登上一流门阀士族地位的家族。唐代杰出政治家狄仁杰，北宋书法家米芾，金代大文学家元好问，《三国演义》的作者罗贯中，明末清初集医学、佛学、诗、书、画于一身的名士傅山等，他们仿若历史天空中一颗颗璀璨的明星，次第照耀过晋中大地。

跨越历史的长河，当我们踏上古太原郡大地时，必然要去探望气派非凡的中国第一大祠晋祠中的宋代铁铸兵俑、玲珑婉丽的仕女塑像和古刹园林，去中国佛教圣地五台山礼佛朝拜，去平遥、祁县寻觅一代晋商的豪迈，去天龙山观望几朝帝王留下的文化遗产……毋庸置疑，一连串的美妙必将跟着你行动的脚步不期而至。

岩山寺
公主寺
菩萨顶
边靖楼
显通寺
塔院寺
龙泉寺
殊像寺
南山寺
佛光寺
惠济寺
南禅寺
洪福寺
忻州
阳泉
不二寺
净因寺
大王庙
多福寺
吕梁
太原
崇善寺
关王庙
永祚寺
龙山石窟
天龙山石窟
晋祠
碛口古镇
明秀寺
安国寺
尧庙
则天庙
石马寺石
汾酒老作坊
太符观
乔家大院
净信寺
晋中
后土圣母庙
曹家大院
利应侯庙
镇国寺
双林寺
文庙
后土庙
张壁古堡
王家大院
资寿寺
云峰寺

太原

“地灵草木得余润，郁郁古柏含苍烟。并儿自古事豪侠，战争五代几百年。”这首宋代政治家、文学大家欧阳修到并州（今太原）时写下的诗，是太原人文历史的写照。太原绚烂的文化遗产，令无数前来欣赏她的访客陶醉。古秀典雅的园林建筑、琉璃闪烁的古庙宇、抑扬顿挫的晋剧和“莲花落”、透着浓香的老陈醋等，构成了人们对太原难以忘却的记忆。太原现有国家重点文物保护单位 38 处，包含古城遗址、石窟、寺观、祠庙、大学堂等，是对太原 2000 多年文明演进的精彩呈现。“不到晋祠，枉到太原”，作为纪念晋国始祖唐叔虞的祠宇和大型园林，其内的三宝（圣母殿、鱼沼飞梁、献殿）和三绝（周柏唐槐、宋代侍女塑像、难老泉）不可不看；东魏至唐五代开凿的天龙山石窟和元代的龙山石窟，堪称“石窟双璧”，值得仔细探究；永祚寺的双塔夜景，更令人迷幻……太原是一座湖河映照、雄浑典雅与隽秀婀娜并存的城市，她的千年风华，值得人们慢慢欣赏与品味。

【晋源区】

晋祠

JINCI TEMPLE

正门

晋祠，位于太原市区西南 25 千米处的悬瓮山麓，这里是晋水的发源地。晋祠是全国著名的名胜古迹、游览胜地，1961 年被列为全国第一批重点文物保护单位。

晋祠在北魏以前就已存在，是为了纪念周武王次子叔虞而建。北魏地理学家郦道元在《水经注》中的记载“际山枕水，有唐叔虞祠”，即今晋祠。北齐、隋、唐、宋、明、清各代均有修缮和扩建。

晋祠之美，在于其融悠久的历史文物与优美的自然风景于一体，参天古木中林立着百余座殿堂楼阁、亭台桥榭。民国才女林徽因描绘说：“晋祠的布置又像庙观的院落，又像华丽的宫苑，全部兼有开敞堂皇的局面和曲折深邃的雅趣。大殿楼阁在古树婆娑、池流映带之间，实像个放大的私

1 2

1. “晋祠三绝”之一周柏
2. 宋代圣母殿蟠龙廊柱

旅游指南*

交通：坐火车或飞机到太原后，打车或乘坐公交车到晋祠公园站下车后步行即到

门票：全价 80 元，半价 40 元

开放时间：8:30 ~ 18:00（4 月 1 日—10 月 3 日）
8:30 ~ 17:30（10 月 4 日—次年 3 月 31 日）

*注：本书旅游信息仅供参考，以实际为准。

宏伟壮观的圣母殿，背依悬瓮山，前临鱼沼飞梁，坐西朝东，独居中轴线末端，冠于全祠。它始建于宋太平兴国九年（984），是现存晋祠内最古老的建筑

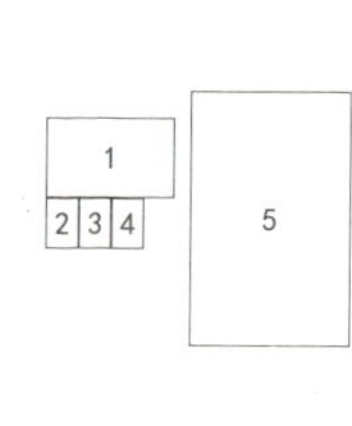

1. 圣母殿（局部）
2–5. 圣母殿侍女像

家园亭。”

游晋祠，可分为中、北、南三部分。中部从大门入，自水镜台起，途经会仙桥、金人台、对越坊、献殿、鱼沼飞梁到圣母殿，这是晋祠的中轴线，晋祠的“三宝”——圣母殿、鱼沼飞梁、献殿，都在这条中轴线上。北部从文昌宫起，有东岳祠、关帝庙、三清祠、唐叔虞祠、朝阳洞、待风轩、三台阁、读书台和吕祖阁，这一组建筑大都随地势自然错落排列，以崇楼高阁取胜。南部从胜瀛楼起，有白鹤亭、三圣祠、真趣亭、难老泉亭、水母楼和公输子祠，这一组建筑亭台楼阁和潺潺泉流，颇具江南园林风韵。

晋祠内还有著名的周柏、唐槐。周柏位于圣母殿左侧，唐槐在关帝庙内，老枝纵横，至今生机勃勃，郁郁苍苍。周柏、唐槐与清澈见底的难老泉及精美

的宋代侍女塑像被誉为“晋祠三绝”。宋代侍女塑像在圣母殿内，是我国现存宋塑中的珍品。她们或梳妆、洒扫，或奏乐、歌舞，生动传神，形态各异。站在这些彩塑侍女身旁，似乎能感受到她们的呼吸和脉搏的跳动，仿佛能听到她们的娓娓低语。郭沫若有诗云：“倾城四十宫娥像，笑语嘤嘤立满堂。”

宏伟壮观的圣母殿，背依悬瓮山，前临鱼沼飞梁，坐西朝东，独居中轴线末端，冠于全祠。它始建于宋太平兴国九年（984），是现存晋祠内最古老的建筑。大殿重檐歇山顶，通高19米，殿四周有回廊，即《营造法式》所载“副阶周匝”的做法，是我国现存古建筑中最早的实例，也是我国现存古代建筑中符合《营造法式》殿堂式构架形式的孤例。中国的木结构建筑，经历了一个由隋唐的雄壮坚实到明清的华丽轻巧的发展过程，而宋代建筑正是这个过程中的重要部分。圣母殿是宋代建筑的代表作之一，对于研究中国宋代建筑和中国建筑发展史都很有价值。此外，大殿前廊柱上雕饰着八条蜿蜒腾跃的木龙，这是我国现存最早的木雕蟠龙。八龙各抱一根大柱，怒目奋爪，栩栩如生，虽距今近千年，鳞甲须髯，仍跃跃欲飞。

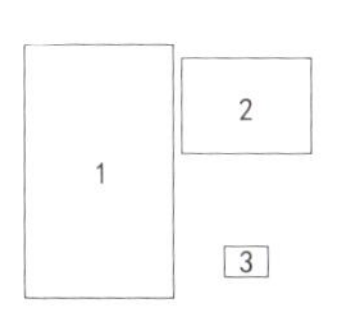

1. 金人台西南隅北宋铁人
2. 对越坊
3. 晋祠公园内的宝墨亭

鱼沼飞梁在圣母殿与献殿之间。鱼沼是晋水三泉之一。古人以方形为沼、圆形为池，因其是方形，水中又多鱼，

贈馬
張大有
敬馬
崞縣
荣彦芳

晋祠关帝庙清代壁画（局部）

故名“鱼沼”。沼上架有十字形桥，古人本有“架桥为虚，若飞也”之说法，故曰“飞梁”。东西桥面宽阔，为通往圣母殿的要道，而南北桥面下斜，如鸟之两翼翩翩欲飞。沼中还立有34根小八角石柱，桥边缀勾栏。这座形制奇特、造型优美的十字形桥梁，实为罕见，是我国现存最早的十字形古桥，对于研究我国古代桥梁建筑有极高的价值。著名建筑学家梁思成评价道：“此式石柱桥，在古画中偶见，实物则仅此孤例，洵为可贵。”

献殿，是供奉祭品的场所，建于金大定八年（1168）。献殿的梁架很有特色，只在四椽栿上放一层平梁，既简单省料，又轻巧坚固。殿的四周除前后辟门外，均筑有坚厚的槛墙，形如一座凉亭，灵巧而大气。它是我国唯一的殿和亭

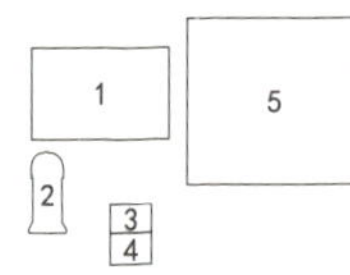

1. 唐叔虞祠
2. 唐太宗李世民御书《晋祠之铭并序》碑
3. 奉圣寺大雄宝殿
4. 水镜台
5. 难老泉风光

相结合的古建筑，是我国古代建筑中的瑰宝。

晋祠除了“三绝”“三宝”之外，唐碑亭也是值得一看的地方。唐碑亭又名“贞观宝翰亭”，位于唐叔虞祠东侧，唐贞观二十年（646）始建，亭内有《晋祠之铭并序》碑，此碑由唐太宗李世民撰文并书。碑高 195 厘米，宽 120 厘米，厚 27 厘米。李渊、李世民父子起兵太原，建立唐朝后到晋祠酬谢唐叔虞神恩，铭文通过歌颂唐叔虞建国方略，宣扬唐王朝的文治武功，以期巩固唐皇室政权。铭文中提出了兴邦建国、以德为政等“贞观之治”的政治思想。碑上全文共 1203 个字，行书体，劲秀挺拔，飞逸洒脱，笔力奇逸含蓄，有王羲之的书法神韵，可谓行书楷模，是中国现存最早的一块行书碑。《晋祠之铭并序》碑集史学、文学、政治、书法价值于一身，是研究我国书法艺术的珍贵资料。

寺院外景

【晋源区】

明秀寺

MINGXIU TEMPLE

明秀寺位于太原市晋源区晋祠镇王郭村西，因其建筑多以绿琉璃瓦盖顶，当地人习称“琉璃寺”，其始建于汉代，是佛教传入中土后兴建的最早的、历史悠久的佛寺之一。不过，太原作为兵家必争之地和龙兴之地，屡受战火摧残，明秀寺也随着朝代更替，几度兴废。在经历了一次次“重建—战火毁—重建”的循环后，留存至今。2006 年，该寺院被列为第六批全国重点文物保护单位。

明秀寺环境清雅，古木参天，寺内殿宇多为明清两代建筑。大殿内保存的明代彩塑和壁画，十分精美——虽然在 20 世纪 70 年代遭到破坏，但仍属同时期寺观艺术中的翘楚，具有极高的艺术鉴赏价值。

大殿全景

寺院坐西朝东，为二进院落，沿中轴线分布着天王殿、弥勒殿（过

大殿胁侍菩萨

殿）和大殿。山门两侧为钟楼、鼓楼，第一进院落南北方各有配殿，西为弥勒殿；二进院落南侧为地藏殿，北侧为观音殿，西大殿为明嘉靖年间（1522—1566）重建时的建筑，殿门上悬“便是西天”匾额。殿内塑金装三世佛（释迦牟尼佛、弥勒佛和燃灯佛）、佛弟子迦叶与阿难、二胁侍菩萨和二天王像（其中两尊佛像和三尊胁侍头像为后补），佛像背光为雕刻细致的金龙盘绕五彩木雕，手法细腻、色彩鲜艳。两胁侍菩萨体态健美，脸庞丰润，承袭了宋元风格；大殿内东、南、西三面墙壁上共有壁画 90 多平方米，东壁南侧绘制一幅千手千眼观音菩萨，南壁为千佛图，西壁为佛说图、天王、菩萨、无量寿经变图。画面着色为当时流行的红色、绿色、黄色、白色，线条流畅，是一堂原汁原味的明代壁画。

明秀寺近些年经过几次抢救性整修，很好地保存了其古典气息。它见证了古晋阳城的千年演变，经历了无数腥风血雨，目睹了几多世事兴衰，在我国佛教发展史上占有一席之地，是一座历史内涵和艺术典藏兼具的佛寺。太原之游，不宜遗漏。

1. 大殿东壁南侧千手观音
2. 大殿西壁佛像

旅游指南

交通：从市区出发，需转乘多趟公交，建议自驾、打车或包车前往

门票：免费

开放时间：9:00 ~ 17:00

西峰第 9 窟漫山阁外景

【晋源区】

天龙山石窟

TIANLONGSHAN GROTTOES

西峰第 9 窟漫山阁上层倚坐弥勒大佛

天龙山石窟位于太原市西南天龙山东西两峰的悬崖腰部，周边林木茂郁、流水淙淙，自古以来就是一处风景优美、景色宜人的名胜。石窟最初开凿于 1400 多年前的东魏时期，在以后的北齐、隋、唐各代均有开凿，这个时期开凿的佛教石窟达到我国石窟艺术的又一个巅峰。天龙山现存石窟 30 个，其中东峰两层，上层 4 窟、下层 8 窟；西峰 13 窟；山麓河涧悬崖上 5 窟。共存石窟造像 500 余尊，浮雕、画像 1144 幅。

石窟平面大多为方形，三壁三龛式占全部石窟一半以上，两座东魏窟和三座北齐窟即是如此。东魏窟多为三尊像——正壁释迦、左壁

西峰第9窟漫山阁下层十一面观音和文殊、普贤雕像

1. 西峰第 9 窟漫山阁十一面观音头部特写
2. 东峰第 8 窟中心柱残像
3. 东峰第 8 窟佛弟子菩萨残像

弥勒、右壁阿弥陀的三世佛。其人物清瘦，造像手法朴实、简洁，继承了上一个时代“秀骨清像”的风格。北齐窟的造像则减少了动感，重在形体结构雕造。

太原（古晋阳）是大唐龙兴之地，在唐代被设为别都，其地位重要，佛教兴盛，因而天龙山石窟在唐代开凿最多，达 15 座，其中以第九窟漫山阁最为精彩。漫山阁是一座上下两层的大窟，上层的弥勒大佛坐像高约 8 米，比例和谐，容貌端庄；下层中央为观音立像，其形体丰满，衣饰富丽，颇具大唐贵族女性的高雅风采。观音像左右分别为乘象的普贤和骑狮的文殊，造像丰腴、优雅。

石窟艺术所创造的佛、菩萨、罗汉、护法，以及佛本行、佛本生的各种故事，都是通过雕琢者的想象和参照当时的人物实体创造出来的，也由此折射出各历史时期人们对宗教艺术的理解，以及当时的审美偏好、服饰文化等。

天龙山石窟还保存着早期建筑的实物资料，如束莲式圆形或八角形柱、束莲式覆盆式柱础、人字拱和一斗三升等。天龙山石窟的高超雕造技法是石窟这种外来艺术逐渐中国化的典型证明，尤其是用圆雕技法雕出的造像，既具有印度佛像高雅、柔和的特点，又有中国传统雕刻所固有的清新韵律和线条。

让人扼腕的是，天龙山石窟损毁相当严重，其造像精华几乎不存。先是民国时期日本不法学者大规模盗攫，中华人民共和国成立后又多次遭人为破坏和文物贩子的盗攫，今人只能从石窟现场的残迹中去追思祖先的艺术成就。

即便如此，从天龙山石窟的残存中，仍可见造型娴熟、雕刻精细的佛教造像艺术，为后人研究佛教、美术、雕刻、建筑等方面的发展提供了丰富的资料。2001 年，天龙山石窟被列为第五批全国重点文物保护单位。

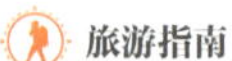

旅游指南

交通：从市区打车或在晋祠景区南停车场乘坐专线公交车直达

门票：全价 50 元，半价 25 元

开放时间：9:00 ～ 17:00

龙山石窟外景

【晋源区】

龙山石窟

LONGSHAN GROTTOES

道教是中国土生土长的宗教，与众多的佛教石窟相比，道教石窟在中国比较少见，位于太原市西南20千米龙山的唐、元时期的道教石窟是其中的佼佼者，为我国现存规模最大的道教石窟群之一，1996年被列为第四批全国重点文物保护单位。

龙山与天龙山、晋祠等构成一个庞大的文化景区，最初为佛教活动场所，北齐天保七年（556）在其北侧建童子寺，雕刻巨佛石像，金代寺院被毁，只留下部分遗迹和一座燃灯古塔——塔高4米多，六边形，外有浮雕装饰，塔身中空，内置灯室，三面开门，是我国现存最古老的石灯塔。另外，还有比丘尼修行的石窟井（俗称“姑姑洞”）等遗迹。

龙山道教石窟兴于唐朝，鼎盛于元代。唐玄宗时期的重臣徐坚撰写的《初学记》中记载：“女道士王道怜，入龙山自造观宇，名玄曜观。”可见龙山佛、道之兴盛。这一时期开凿的石窟为三大法师龛、玄真龛。

元初，道教全真派领袖丘处机率十八弟子，跋涉万里，历时两年，到达西域大雪山拜见成吉思汗。之后，全真教信仰受到朝廷的大力支持，跟随丘处机西行的全真七子之一、丘处机的弟子宋德芳（号披云子），亲自在山西主持全真教的传播。在

第 2 窟三清龛

旅游指南

交通：自驾到龙山景区售票口，再步行登山前往

门票： 20 元（旺季），15 元（淡季）

开放时间：
8:00（节假日 7:30）~ 17:30
（4 月 1 日—10 月 31 日）
9:00（节假日 8:30）~ 16:30
（11 月 1 日—次年 3 月 31 日）

平阳（临汾）刻制《道藏》、扩修永乐宫等，在龙山开凿三清龛、卧如龛、辩道龛等五窟造像。

三清龛是龙山诸窟中最大的，也是保存相对完整的。窟中央刻三清即玉清元始天尊、上清灵宝天尊和太清道德天尊坐像（左两尊头部丢失），两侧分雕三位持护圭真人及其站立的侍从像，共 15 尊雕像。三天尊头顶挽道髻，面容清瘦，背后雕刻并彩绘头光、神光。北六真人戴道冠，表情严肃，其衣履、形象颇似现实中所见道人。雕像所着道袍紧贴身体，颇有北齐兴起的“曹衣出水”之风。此窟藻井雕刻五飞龙，正中一龙张牙舞爪，居于四角的龙则腾云顾盼中央飞龙；卧如龛又名卧龙龛，龛内正面雕一长方形高台，台上雕侧身侧卧的道人，有人根据《全真教祖碑》中的记载，认为是全真教祖师王重阳的羽化像。另外三像分别是宋德芳和其师弟李志全、门人秦志安三人石像，壁上有珍贵的自赞题记，藻井上有凤凰、祥云、团花的彩绘浮雕。龙山石窟内最有欣赏价值的是七真龛，分内外两室，内室雕王重阳七大弟子像，雕像分三面排列，正面三尊，两侧各一，有侍者像，反映了道教全真七子讲经论道的情景。全真七子和披云子宋德芳都曾在后世的武侠小说《神雕侠侣》《射雕英雄传》中出现，极富传奇色彩。

龙山石窟规模不大，但较为罕见，是了解道教发展、繁荣、造像艺术的难得的实物。该石窟像头部不少被窃，实为遗憾。

【迎泽区】

崇善寺

CHONGSHAN TEMPLE

山门

崇善寺原名“白马寺”，后改称“延寿寺”，始建年代不详。明初朱元璋第三子晋王朱棡居住太原时，为纪念其母孝慈高皇后马氏，于明洪武十六年（1383）扩修寺院，历八年方完工。寺成，朱棡亲笔题字“崇善寺”。

明代，崇善寺占地14万平方米，殿宇高耸，僧侣云集。清同治三年（1864）的一场大火，使寺中绝大部分殿宇化为灰烬，只余大悲殿等建筑。清光绪八年（1882），山西巡抚张之洞倡议，在崇善寺的废墟上建起一座规模巨大的文庙，崇善寺从此一分为二。今人看到的崇善寺，只是明代寺庙的四十六分之一，主要建筑有山门、钟楼、东西厢房和大悲殿等。2013年，崇善寺因其原汁原味的明初建筑和寺内高大少见的千手观音造像，被列为第七批全国重点文物

大悲殿外景

十方所有世間燈 最初成就菩提者 我今一切皆勸請

大悲殿千臂千眼十一面观音菩萨塑像

保护单位。

大悲殿坐落于宽厚的台基上，前有月台，呈“凸”字形。大殿面阔七间、进深四间，重檐歇山顶，殿内有三大士塑像。当心间站立千臂千眼观音菩萨，东次间站立千臂千钵文殊菩萨，西次间站立千轮千华普贤菩萨。观音菩萨共42只手臂，有两手合十于胸前、两手上下相合于腹前，其余手臂如孔雀开屏般向上、左、右三个方向伸展，每只手中所拿器物无一雷同。文殊菩萨为三面六臂，其中两只手掌，掌心朝上置于胸腹之间，另外四只置于身侧，胸腹间一手上置钵。其身后是无数手臂组成的相轮，每只手中托一只金钵，每只钵中端坐一尊释迦佛像，象征着文殊菩萨无穷的智慧。普贤菩萨手捧钵于胸前，身后是圆形火焰相轮。三大士这种高大的菩萨站像在山西尚属孤例，其风格受到密宗和藏传佛教造像的影响。

大殿内两侧，排列着十几只藏经柜。藏有北宋至清代各种刻印、手抄经书3万余卷，有我国木刻印刷史上的早期珍贵版本——北宋《崇宁万寿藏》和南宋《碛砂藏》，有元版《普宁藏》，明版《南藏》《北藏》《华严经》，清版《金刚般若经》，还有一部和尚刺血抄写的《华严经》，经书数量之多、版本之名贵，全国少有。

崇善寺另一宝是两套明代寺内壁画的摹本：一套是《释迦世尊应化示迹八十四回图》，描绘释迦牟尼成佛的故事；另一套是《善财童子五十三参图》，描绘善财童子参拜诸佛学法的故事。这两套摹本，经500余年，仍鲜艳如初，被称为“宝石画”。

旅游指南

交通：在市区打车或乘公交车到五一路桥头街口站下车后，步行约8分钟即到

门票：免费

开放时间：8:00 ~ 18:00

1. 大悲殿千臂千钵文殊菩萨塑像
2. 大悲殿内供桌上的精美木雕
3. 大悲殿千轮千华普贤菩萨塑像

【迎泽区】

永祚寺

YONGZUO TEMPLE

山门

永祚寺，俗称“双塔寺”，2006 年被列为第六批全国重点文保单位。该寺位于太原市迎泽区郝庄，总占地面积 12 万平方米。

永祚寺初建于明朝。宋太宗焚毁晋阳城后，在旧城东北 30 里（15 千米）处重建太原城，新城西北高于东南，被认为文运难以兴盛。明万历二十七年（1599），太原士绅推举深孚众望的傅霖（明末清初山西著名思想家、书法家、医学家傅山的祖父）主持，在城东南郝庄的山冈上兴建了文峰塔，以补风水之不足，并依塔兴建了永明寺。文峰塔建成九年后，第十一代晋王朱敏淳又在旧塔西北方 46 米处建起了一座相似的新塔，命名为“宣文佛塔”。同时大规模扩建寺庙，改称“永祚寺”，寓意“永远传流，万世不竭”。

永祚寺有四大看点，奠定了其弥足珍贵的“国宝”地位。一是“双塔凌霄”。双塔位于寺庙的最高处，均为 13 层，八边形结构，高 54.7 米。双塔蓬勃向上，是美丽太原的城市标志，更是中国双塔组合中形制最完善、规模最大、塔身最高的一组，堪称我国双塔之最，历代的地方志书都把“凌霄双塔”作为“太原八景”之一。

二是“永祚牡丹”。永祚寺的二重院为“祇园胜景”，称牡丹院，遍植各色牡丹 6000 余株，尤以十余株品名叫“紫霞仙”的牡丹最为珍贵，它是中国唯一现存的明

旅游指南

交通：从市区打车或乘公交车至南沙河东中环口站后，步行约 10 分钟可达

门票：30 元

开放时间：
8:30 ~ 17:30
（4 月 1 日—10 月 31 日）
9:00 ~ 17:00
（11 月 1 日—次年 3 月 31 日）

永祚寺院内（局部）

凌霄双塔

代牡丹，也是国内现存最古老的寺院牡丹，虽老干虬枝，却苍劲旺盛。数百年来，它在此静候每年的“东南之气”，一旦东南“温厚之气”到来，紫霞仙会率先绽放，被寄予文运昌兴的愿望（与文峰塔相呼应）。

三是“永祚碑碣”。永祚寺二重院的碑廊内嵌有两套晋阳名帖——《宝贤堂集古法帖》和《古宝贤堂法帖》。《宝贤堂集古法帖》俗称“大宝贤堂法帖”，由明代晋王世子朱奇源历时八年刻成，荟萃了魏、晋、南北朝、隋、唐、五代、宋、元、明等十余个朝代、120名书法大家的墨迹宝翰，包含楷、草、隶、篆各种书体，可谓历代书法之全璧、书林之瑰宝。《古宝贤堂法帖》俗称“小宝贤堂法帖”，由清康熙年间的太原知府李清钥选取唐褚遂良，宋苏东坡、黄庭坚、朱熹，元赵孟頫，明唐寅、文徵明及清初董其昌、王铎、傅山等名家墨宝摹勒上石。

四是“无梁禅林”。永祚寺是全国唯一全部采用砖仿木无梁建筑的寺院，其第三进院为“永祚禅林”，称礼佛院，有大雄宝殿、三圣阁、禅堂、客堂等。其大雄宝殿全用青砖磨砌成柱、檐、斗拱、雀替、垂花柱及图案等，殿内施拱券顶，不用一钉一木，是明代典型的无梁式建筑，故称“无量殿”。三圣阁为单檐歇山顶建筑，顶部用砖雕斗拱，层层出挑，叠涩而上，形成套拱，筑成下大上小的砖砌藻井，是中国古建筑无量式殿阁中的珍品。

【尖草坪区】

多福寺

DUOFU TEMPLE

山门

旅游指南

交通：从市区打车，或在下元汽车总站、胜利桥东站乘公交车到呼延村下车后步行前往

门票：20 元（旺季）
15 元（淡季）

开放时间：
8:30 ~ 17:30（旺季）
8:30 ~ 17:00（淡季）
闭馆前半小时停止售票

多福寺位于太原市西北 24 千米处的崛围山，初名崛围教寺。始建于唐贞元二年（786），传说是文殊菩萨的道场之一，后唐李克用、李存勖父子曾到此礼佛焚香，宋末寺院毁于兵火，明洪武年间（1368—1398）重建，弘治年间（1488—1505）改为今名。原建筑规模宏大，被称为“真三院”，即前后左右看皆为三院，共有九院，现仅存三进院落，分别为山门、钟楼、大雄宝殿、文殊阁、藏经楼、东西配殿等。

大雄宝殿内景

大雄宝殿药师佛右胁侍菩萨塑像

大雄宝殿东壁佛本生故事壁画特写

多福寺的主殿宇大雄宝殿是明代早期建筑，殿宇高大，斗拱、廊柱、装饰等独具明代特色。殿内中间供奉三身佛，即明间毗卢遮那佛、东次间卢舍那佛、西次间释迦牟尼佛。三佛须弥座前，塑三大士微型像。三佛之间塑四尊胁侍菩萨。佛台下东西两山墙前，塑二护法金刚。其中，主尊毗卢佛两侧菩萨尤为奇特，他们的发型为头顶束髻，形似莲瓣，实为孤例。菩萨长身玉立，端庄秀美，为明塑佳品。

大雄宝殿内东、西、北壁，还有绘制于明天顺二年（1458）的壁画，内容为佛本生故事，叙述了释迦牟尼诞生、出家、成道和涅槃的全过程，共计90多平方米。壁画以84幅连环画的形式，自东壁南端上隅开始，沿逆时针绕壁绘制，最后至西壁南端下部结束。每幅画面右上方的长方形小墨框内有榜题。多福寺壁画继承了宋元时期的艺术风格，线条精练，人物形象饱满。每幅画面人物各具神态，威严的帝王高官、端庄的摩耶夫人、娴雅的宫人侍女、威武的天王金刚，在画师们纯熟的技巧和劲健的笔法下，通过身体形态和面部表情的刻画，得到酣畅淋漓的体现。而布列的宫廷街市、寺观殿阁，参差其间的树木花卉，并点缀以丹山碧水、缭绕云雾，环境和人物相互衬托，营造出超凡脱俗的仙境氛围，属明代工笔重彩画中的上乘之作。

藏经楼是一座上阁下洞的两层建筑。明末清初，集思想家、书法家、医学家于一身的山西名士傅山，曾在藏经楼东侧的红叶洞内读书、行医，附近有清末所立“傅山先生读书处”石碑。

多福寺东南山顶的舍利塔原为宋代建筑，塔基、平台砖石砌成，塔六角七层，高25米，为太原西山之标志物之一。站在山顶向东远眺，太原城一览无遗。每年秋季，红叶漫山，层林尽染，登山至舍利塔下观赏崛山红叶，是太原人秋游之乐事。

大雄宝殿佛传故事壁画（局部）

土堂大佛（土雕佛）

【尖草坪区】

净因寺

JINGYIN TEMPLE

净因寺外景

净因寺位于太原市西北 20 千米处的土堂村。寺院依山而建，西靠崛山，东毗汾河，北面是烈石口和窦大夫祠。据碑文记载，汉时土山崩坏，裂陷成洞，洞内土丘高 10 丈，形似佛像，民间俗称“大佛寺”或“土堂大佛寺”。该寺始建于北齐，金泰和五年（1205）重建，明代多次重修。

寺院坐北朝南，分前后两院，前院有天王殿、韦驮殿、大佛阁，中部有卡墙和垂花门相隔，后院有大雄宝殿、观音殿和地藏殿。大佛阁依崖而建，坐西朝东，建在高 1 米的月台上，重檐歇山顶，底层前檐施五彩异形斗拱。前半部为砖石券窑洞，后半部为土券窑洞，洞深 17 米多，洞内

大佛右侧胁侍菩萨像

胁侍菩萨塑像

1. 卢舍那佛塑像
2. 释迦牟尼佛塑像
3. 毗卢遮那佛塑像

的土雕大佛，高10米，结跏趺坐，佛面高额丰准，双目半睁，眼睑微启，神态安详，既有古印度之风采，又显中国古代乡民风貌。这是山西省境内目前尚存的两尊土雕大佛之一，体现了古人高超的雕刻技艺。佛前有二菩萨分侍左右，是明代作品。在窑洞内欣赏大佛，仿佛进入古人营造的温馨至美的佛国世界。

大雄宝殿中供奉三身佛毗卢遮那佛、卢舍那佛、释迦牟尼佛，其中毗卢遮那佛前两尊胁侍菩萨体态生动、端庄秀美。台下左右两侧立两尊护法金刚，体态一胖一壮、脸色一红一白、神情一怒一平、嘴唇一张一合，恰成鲜明对比。此外，寺内地藏殿供奉主管地狱的地藏王菩萨，两边分别是十大阎罗王、四大判官。观音殿里是十八罗汉护观音。这些塑像虽经过清代补绘，但都不失生动，艺术价值很高。

寺院旁残存古柏两株，枝干龙飞凤舞，古称“土堂怪柏”，是古晋阳的“外八景”之一。

净因寺曾是明末清初傅山先生隐居、修行、著书和行医之处，他在这里留下了“明月上东岗，汾河忆土堂”的诗句。2006年，净因寺被列为第六批全国重点文物保护单位。

旅游指南

交通：从市区打车或在胜利桥东站乘公交车到中北大学站下车后西行抵达

门票：18元（旺季）
13元（淡季）

开放时间：
8:30 ~ 17:30（旺季）
8:30 ~ 17:00（淡季）
闭馆前半小时停止售票

三圣殿外景

【阳曲县】

不二寺

BU’ER TEMPLE

不二寺，亦称“不二禅院”，位于太原市阳曲县城大运路东侧。“不二”来自佛经：“一实之理，如如平等，而无彼此之别，谓之不二。”创建者把寺喻为门，寓意为信徒由此门而入，就能达到不二境界。此寺始建于北汉乾祐九年（956），后代都有修葺。1987 年，该寺由原址阳曲县小直峪村搬迁至现址。2006 年，因其金代建筑和殿内的塑像、壁画，不二寺被列为第六批全国重点文物保护单位。

三圣殿释迦牟尼佛与迦叶、阿难塑像

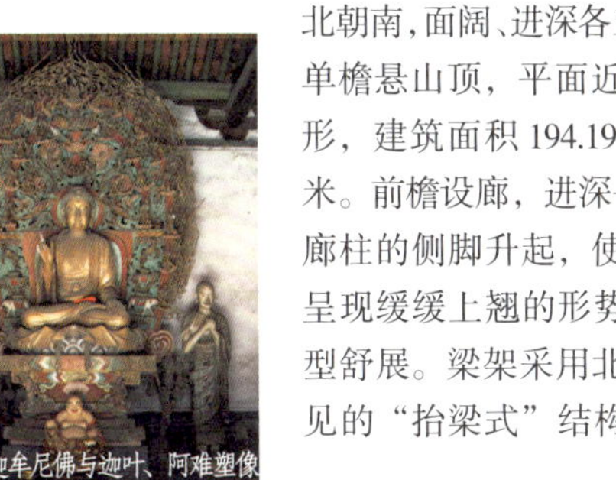

寺内最主要的建筑是大殿，即三圣殿，为寺内唯一现存的金代建筑。其坐北朝南，面阔、进深各三间，单檐悬山顶，平面近正方形，建筑面积 194.19 平方米。前檐设廊，进深一间，廊柱的侧脚升起，使殿角呈现缓缓上翘的形势，造型舒展。梁架采用北方常见的“抬梁式”结构，前

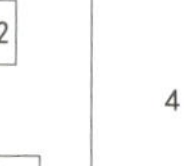

1. 三圣殿文殊菩萨塑像
2. 三圣殿胁侍菩萨塑像
3. 三圣殿西壁壁画《礼佛图》
4. 三圣殿普贤菩萨塑像

檐下柱头置五铺作斗拱，补间设唐宋流行的“隐刻斗拱”的扶壁拱。

寺内塑像和壁画保存较为完好。塑像为具有隋唐遗风的元塑精品，塑有释迦牟尼及其弟子、菩萨等9尊塑像。塑像核心是华严三圣，主尊毗卢遮那佛，左迦叶、右阿难。毗卢遮那佛结跏趺坐在莲花台上，神态端庄肃穆。其背光塑造颇具特色，高4.7米、宽2.6米的大背光，呈尖拱形，两侧由菩提树支撑，周塑火焰纹，左右对称分塑一对象征凶猛的狮子、一对象征温顺的白象和一对口含青草象征吉祥的小鹿。背光中上部塑如来佛祖法身像，两侧为二十四诸天神像。如来佛祖法身像向下依次是金翅鸟王、日月飞天和二龙。如此精雕细刻的背光彩塑十分珍贵。

殿内东西山墙上尚存明代壁画137平方米，上壁皆绘东、西方三圣，东壁下层是佛护卫神“十二药叉大将”和民间酬神的《舞狮图》，西壁下层绘十六罗汉和皇帝携八大臣拜佛的《礼佛图》。

旅游指南

交通：从太原市区打车，或乘公交车到不二寺站下车即到

门票：免费（寺院为阳曲县佛教协会驻地，入寺参观需提前联系）

开放时间：8:00 ~ 18:00

娘娘殿清代壁画《圣母出巡图》

【清徐县】

尧庙

TEMPLE OF EMPEROR YAO

尧庙位于太原市清徐县东南16千米处的尧城村，相传，4000多年前的中华古贤帝之一——尧帝曾在这里建城居住，后世为祭祀尧帝，在古城遗址上修建此庙宇。现存尧庙坐北朝南。总面积4200平方米，有帝尧殿、九莲洞、娘娘殿、狐仙楼、藏经楼、戏台等明清及近代建筑。2013年，尧庙因独特的明代建筑、清代壁画等，被列为第七批全国重点文物保护单位。

入口处牌楼

旅游指南

交通：在太原市区下元公交站有到清徐县的公交车，抵达县城后再打车前往

门票：免费（参观需征得同意）

开放时间：9:00～17:00

帝尧殿斗拱藻井

庙内主要建筑帝尧殿是座有创意的古建筑，重檐歇山顶，面阔、进深都是五间，平面呈正方形，四周出廊。殿内无柱，无天花板，檐顶斗拱向里伸，重叠五层，形成庞大的斗拱藻井。大殿的藻井有三层，底层和中间是方形，上层为八角形，中间是盖板，上绘八卦图案。这座藻井构思精巧、匠心独运，是明代古建木构罕见的创造。殿内旧时的尧帝和众大臣塑像均遭损毁，现在的均为新制。

附近民间至今流传着这样一个传说。清康熙年间翻修尧庙时，一位五台籍高手艺的木匠应聘修缮大殿。在拆除殿内斗拱时，他发现梁架上挂着一块木牌，上写:“如我者剩一块，不如我者剩一堆。”此木匠不服，施展全身本领，将殿内斗拱全部拆卸下来重新安装，结果剩下一大堆斗拱，无法装上。

清徐县是人类早期文明的发源地之一。1953年，考古学家曾在清徐县都沟村发掘出和尧舜禹时代对应的龙山文化遗存。

忻州

五台县南禅寺 | 五台县佛光寺 | 五台县显通寺 | 五台县菩萨顶 | 五台县塔院寺 | 五台县南山寺 | 五台县龙泉寺 | 五台县殊像寺 | 定襄县洪福寺 | 原平市惠济寺 | 代县边靖楼 | 繁峙县岩山寺 | 繁峙县公主寺

忻州古称“秀容”。作为古代中原防御塞北游牧民族南下最重要的防线，忻州历来为军事重镇，素有“晋北锁钥”之称。巍峨的雁门关见证了古代朝代更迭与民族冲突的金戈铁马；新旧广武城诉说着历史的峥嵘岁月；文殊菩萨的道场——五台山佛教圣地呈现着人们心灵向往的慈和与祥瑞；滹沱河蜿蜒流过的忻定平原，藏匿着人们追求幸福的密码……忻州现有全国重点文物保护单位 36 处，其中群峰环绕、被列入世界文化遗产的五台山，不仅寺院林立，而且国保单位云集。唐代木结构的佛光寺、始建于东汉的显通寺，五台山标志性寺院塔院寺和泛着金光的菩萨顶，石雕精美的南山寺、罗睺寺、碧山寺等，都是人们必去游览的打卡点。倾听五台梵音，祈求人生福祉，热爱生活的人们在此许下美好的愿景。繁峙的岩山寺、公主寺，定襄的洪福寺等，虽不在五台山范围内，但其寺内精美的壁画和彩塑，也足以让人流连忘返。

【五台县】

南禅寺

NANCHAN TEMPLE

大殿

南禅寺位于五台县东冶镇李家庄，始建年代不详，其规模不大，总面积约 3120 平方米，分东、西两院。西院由山门、东西配殿和大佛殿组成——大佛殿为中国乃至世界现存最古老的唐代木构建筑，其余为明清建筑；东院为僧舍、禅房（现为接待办公场所）。1961 年，南禅寺被列为第一批全国重点文物保护单位。

旅游指南

交通：从太原、忻州乘长途汽车到五台县城，再从县城打车或包车前往

门票：20 元

开放时间：8:30 ~ 17:30

大佛殿塑像全景

大佛殿文殊菩萨塑像

大佛殿胁侍菩萨塑像

大佛殿阿难塑像

南禅寺大佛殿面宽11米多，进深不到10米，单檐歇山顶。其梁架举折极为平缓，出檐深远，似鸟革翚飞；檐柱微向内倾，角柱增高，与梁上斗拱形成了收放结合、有抑有扬的支撑格局。斗拱用材健硕肥大，代表唐代雄浑的建筑风尚。殿内横梁架墨书题记："因旧名，时大唐建中三年，岁次壬戌，月居戊申，丙寅朔庚午日，癸未时重修，法显等谨志。"历经1200多年的风吹雨蚀，南禅寺仍能亮丽地呈现于人们的视野中，是为奇观。

大佛殿内的塑像与殿宇为同一时期建造，是在敦煌以外罕见的中唐时期彩塑。殿内佛坛上是17尊唐代塑像，分别为"华严三圣"、佛弟子、胁侍菩萨和金刚。佛坐在须弥莲花座上，威仪庄严；二弟子虔诚恭敬；两大菩萨分骑白象、青狮，慈祥和善；胁侍菩萨身材健硕，呈"S"形玉立；金刚英气威武。整体布局严谨、错落有致，是唐代才开始出现的"一佛二弟子二菩萨（或四菩萨）二金刚二供养菩萨"布局的宝贵范本。塑像中的阿难被人们称为"五台山上最美男子"。他面部丰满圆润，眼睛凝视前方，做沉思或聆听状，塑匠把一个善思、敏锐的青年僧侣的内心表现得淋漓尽致，令人拍案叫绝。

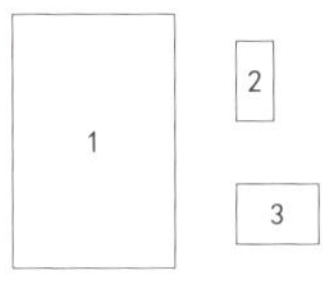

1. 大佛殿普贤菩萨塑像
2. 大佛殿胁侍菩萨塑像
3. 大佛殿童子塑像

唐武宗在会昌五年（845）灭佛，佛寺大多被毁，位于偏僻山沟里的南禅寺，在当时任何县志、经书上都无记载，因此幸免于难。以后虽经历代修缮，但大殿的唐代结构和塑像都完好地保存了下来，是为奇迹。稍有遗憾的是，1999年，南禅寺佛像前的两尊"似娇娃"的供养菩萨，被文物贩子盗走。2011年8月，寺内一座北魏风格的五层小石塔也被盗。

【五台县】

佛光寺

FOGUANG TEMPLE

伽蓝殿

佛光寺位于忻州市五台县佛光新村，寺院坐东朝西，三面环山，松柏苍翠，静谧清幽。1937 年，著名的建筑学家梁思成、林徽因夫妇到山西考察，发现被遗忘多年的佛光寺，从此中国建筑学家、雕塑家、壁画专家等对佛光寺展开密集研究。

佛光寺始建于北魏孝文帝时期（471—499），唐武宗会昌灭佛，全寺被毁。唐大中十一年（857），由著名僧人愿诚和

佛光寺掠影

尚主持，由长安宫廷内臣、地方官吏和一位名为“宁公遇”的女居士出钱资助，寺院得以重建。现存佛光寺的唐代建筑、题记、雕塑和壁画，具有极高的历史和艺术价值，被称为佛光寺“四绝”。1961年，佛光寺被列为第一批全国重点文物保护单位。

佛光寺主殿为东大殿，是原汁原味的唐代建筑，其位于13米的高台上，可俯瞰整个寺院，气势巍峨，魅力不凡。大殿面阔七间，进深四间八椽，单檐庑殿顶，结构简练，造型古朴，技法高超，是中国现存唐代古建筑的代表。其内设佛坛，宽有五间（深5米、高0.75米），坛上有唐代塑像37尊，又覆有全木榫卯结构的宇顶，可谓殿中殿。坛上五间殿宇的拱眼壁上有唐宋时期的壁画，内容为《佛说法图》《众菩萨图》等。整个殿宇形成长型“回”字空间，绕佛坛在大殿内走一圈，四周神台上明、清所塑的五百罗汉（实有290余尊）一目了然。

大殿佛坛上有唐塑35尊，中央当心间有七尊，分别为主像释迦牟尼佛、二胁侍菩萨、佛弟子迦叶和阿难、二供养菩萨；东、西次间亦有七尊，主像分别为弥勒佛、阿弥陀佛，其两侧共有四尊胁侍菩萨和两尊供养菩萨；东梢间有大小塑像六尊，主像为骑着白象的普贤菩萨，

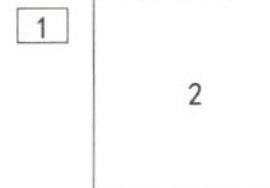

1. 东大殿五百罗汉塑像（局部）
2. 东大殿内景（由南向北）

其两侧为胁侍菩萨，其余为护法金刚、韦驮坐像、牵象人和童子；西梢间为骑着青狮的文殊菩萨、二胁侍菩萨、右手持剑的护法金刚、牵狮人于阗王和一位童子。另外，还有两尊写实作品，分别是当时主持佛光寺大修工程、面部清瘦的愿诚和披云肩及双手 掩于袖中的中年女居士宁公遇像。

东大殿一尊佛像后保存的壁画非常引人注目，是目前山西现存最好的原汁原味的唐代壁画，其内容为天王、力士《镇妖图》。画面分为三部分：第一部分为毗沙门天王将妖魔踏在脚下，持剑欲斩，旁有捧着鲜花和香盂的天女；第二部分是身着豹皮长衫的力士牵着妖猴前行；第三部分则是下着豹皮短裙的力士持杵行走，身后乌龙腾空，将妖卒降伏在地。天王、力士肌肉强健有力，天女衣袂飘飘，画面极富动感。

东大殿南侧有座六角形砖塔。其下层空心，西面开门，上层实心，是建于北魏的祖师塔。殿前的唐代石经幢刻于大中十一年（857），总高 3.2

东大殿佛坛主尊为释迦牟尼佛、弥勒佛、阿弥陀佛，这种组合极其少见。一般佛寺供奉三佛为“横三世佛”（药师佛、释迦牟尼佛、阿弥陀佛）、“竖三世佛”（燃灯佛、释迦牟尼佛、弥勒佛）或“三身佛”（毗卢遮那佛、卢舍那佛、释迦牟尼佛），而佛光寺为新的组合。释迦牟尼与阿弥陀佛结跏趺坐，弥勒佛双足垂坐，即善跏趺坐，左右脚下各踩一朵莲花，是唐代弥勒佛像最盛行的姿势。三佛面相庄重，唐风明显。胁侍菩萨体态丰腴莹润，衣裙贴身，有“曹衣出水”之势。供养菩萨手捧供品，恭敬谦卑。这些菩萨均富有个性，神态优美，端庄大方，是典型的唐代美女形象。

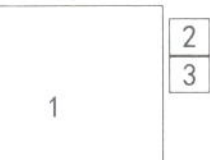

1. 东大殿释迦牟尼佛组合
2. 东大殿阿弥陀佛组合
3. 东大殿弥勒佛组合

东大殿胁侍菩萨塑像

东大殿胁侍菩萨塑像

米，上刻《佛顶尊胜陀罗尼经》，尾部刻有“女弟子佛殿主宁公遇”，与东大殿内大梁上的题记相印证。

佛光寺的第二个重量级国宝是北侧的金代建筑文殊殿，建于金天会十五年（1137），面宽七间、进深四间，单檐歇山顶，采用减柱法。佛坛上七尊塑像，居中的是骑青狮的文殊，两旁是胁侍菩萨、牵狮人、童子、文殊老人等塑像。殿宇内东、西、北壁上有明代壁画——

《五百罗汉图》，罗汉各个神采奕奕，表情丰富、栩栩如生，犹如现实中修行的僧侣。

文殊殿前庭院中有唐乾符四年（877）经幢，总高4.9米，幢身刻有《陀罗尼经》。佛光寺最盛时规模宏大，其唐代的石雕、玉雕造像部分保存在山西省博物院。现在寺西北和后山山坡上还有八座和尚塔，以唐代建筑为主，其唐贞元年间的和尚塔铭尤为珍贵。

1. 东大殿佛座壁画镇妖天神
2. 东大殿斗拱东眼壁壁画（局部）
3. 东大殿佛座壁画毗沙门天王

旅游指南

交通：暂无公共交通，建议自驾、打车或包车抵达

门票：40元

开放时间：8:30～17:30

【五台县】

显通寺

XIANTONG TEMPLE

显通寺坐落在五台山中心区大白塔北侧、菩萨顶脚下，是五台山众多寺庙中最大、最古老的一座。据《清凉山志》记载，显通寺始建于东汉永平年间（58—75），略晚于河南洛阳的白马寺，所以有人把它列为中国第二座古寺。历史上，显通寺名字几经修改，初名“大孚灵鹫寺”，北魏孝文帝时扩建称“善住院”，唐太宗时重修改称“大华严寺”，明太祖重修赐名“大显通寺”。永乐三年（1405），朝廷在此设立都纲司，专管寺庙僧尼，使其成为五台山十大青庙之首庙，1982年，显通寺被列为第二批全国重点文物保护单位。

显通寺占地面积约8万平方米，有各类建筑400多座（大多为明清建筑），是五台山最大的寺院。其殿堂、厢房布局完

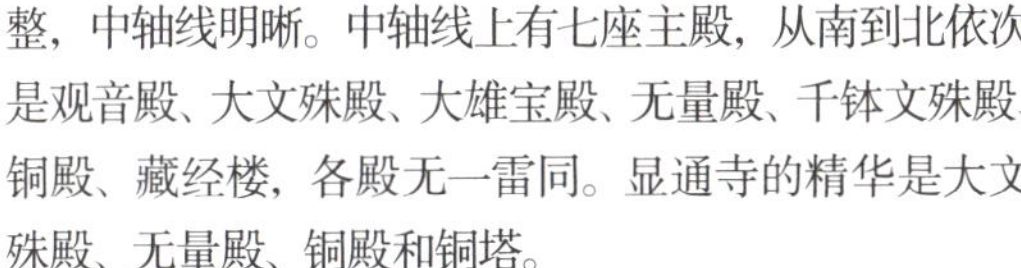

1. 铜殿、铜塔
2. 大雄宝殿
3. 无量殿
4. 大雄宝殿法会

整，中轴线明晰。中轴线上有七座主殿，从南到北依次是观音殿、大文殊殿、大雄宝殿、无量殿、千钵文殊殿、铜殿、藏经楼，各殿无一雷同。显通寺的精华是大文殊殿、无量殿、铜殿和铜塔。

大文殊殿，清乾隆年间重建，殿外雀替、彩画保存较好。内供七尊文殊，居中大智文殊为木雕，两侧不同寓意的文殊为铜像。殿内有乾隆和光绪的御笔匾额，足见清朝皇室对这里的重视程度。

明代的无量殿是五台山少见的砖石建筑，外墙通体白色，庄重典雅，与周遭传统的古建筑相比，甚是出挑。楼阁式建筑外立面中间是仿木斗拱和出檐，二层有围廊可环视四周，一、二层都有若干砖石券拱门，上有七块匾额，代表释迦牟尼曾经在这七个地方讲经。内部空间里，居中是明代毗卢铜佛，东侧是珍贵的13层元代木雕佛塔，西侧是木雕药师佛。

明万历晚期建造的铜殿是迄今全国唯一的铜殿建筑物，被安置在无量殿后的汉白玉基座上，外观为两层，内为一室，重檐歇山顶。内部供奉密宗的文殊菩萨像，四壁密布着号称总数上万的小铜佛，形成“万佛朝文殊”的景象。精美的铜殿内外都有金箔包裹，精美华贵，熠熠生辉。铜殿前万历年间的照壁上大书“清凉妙高处”。五座金光闪闪的铜塔与铜殿同期建成，暗喻五台山的五大山峰。铜塔雕刻精细，造型各异，为密宗风格，其中的三座是近年补做的。北面的铜塔下部还有佛龛，内供坐佛。铜殿两侧的左右厢房采取了类似无量殿的设计模式，黄色彰显高贵，白色彰显肃穆，使这组建筑成为五台山台怀核心区最耀眼的明星建筑。

旅游指南

交通：太原汽车客运东站、五台山机场、五台山火车站均有直达五台山景区的大巴，抵达后再打车或乘公交车前往即可

门票：135元（五台山景区），10元（显通寺）

开放时间：8:00～17:00（以当天为准）

【五台县】

菩萨顶

PUSA DING

菩萨顶又名“文殊寺”，也称“真容院”，在台怀镇海拔 1797 米高的灵鹫峰山头上，因传说文殊菩萨居住在此而得名，是五台山中规模最大、最具影响力的黄庙（喇嘛寺院），也是朝拜五台山的信徒礼佛必到之处。现存建筑及文物多为清代遗物，2006 年被列为第六批全国重点文物保护单位。

该寺始建于北魏孝文帝年间（471—499），此后历代屡有修建。清康熙年间（1662—1722），皇帝赐寺院主持扎萨克大喇嘛 提督印，命山西全省官吏向其进贡，并于康熙二十二年（1683）敕命大喇嘛按皇家宫室形制营造、重修寺院，从此菩萨顶成为清康熙、乾隆等皇帝数次朝拜五台山的行宫。嘉庆年间，菩萨顶更成了五台山上黄庙的首寺，统管这些喇嘛教教务，其规格、地位甚高。

1 3

2 4

1. 灵鹫峰山
2. 灵峰胜境木牌楼
3. 五台圣境汉白玉雕石牌坊
4. 菩萨顶一角

菩萨顶顺山就势而筑，殿宇云集，布局紧凑而有变化，整体可分为前、中、后三大部分。前部分有陡峭的108级台阶，拾级而上可见悬挂了康熙皇帝题写的匾额“灵峰胜境”的木牌楼，该楼四柱三门，上下三层，有七个楼头，堪称五台山木牌楼之最。中间部分为寺院的主体建筑群，中轴线上由南向北依次有山门、天王殿、大雄宝殿和文殊殿，钟鼓楼、配殿、廊房对称分列两侧，东、西为大喇嘛方丈院和行宫院。建筑顶部覆盖着黄、绿、蓝三色琉璃瓦，外观雄伟壮观，金碧辉煌。此外，嘉庆皇帝于嘉庆十六年（1811）到五台山时所立的清凉山碑记、刻着康熙御笔“五台圣境”大字的汉白玉雕石牌坊，以及四面分别用汉、蒙、藏、满四种文字镌刻的二通乾隆御碑，是来菩萨顶亦不可错过阅赏的遗珍。寺院的后半部分则是由大锅院等庭院组成，院中遗存的三口古铜锅（直径1.67米至2.04米）全山闻名。

旅游指南

- 交通：在五台山景区内可打车或乘公交车前往
- 门票：135元（五台山景区），10元（菩萨顶）
- 开放时间：8:00～17:00（以当天为准）

【五台县】

塔院寺

TAYUAN TEMPLE

塔院寺位居五台县台怀镇寺院群中心，因五台山地标性建筑——大白塔而得名，全称“护国大塔院寺”，最早为显通寺（原名“大佛灵鹫寺”）塔院，明万历七年（1579）重修、扩建后独立成寺。2006年，塔院寺被列为第六批全国重点文物保护单位。

寺院平面呈正方形，以大白塔为中心，从南至北有影壁、牌坊、山门、钟鼓楼、天王殿、大慈延寿宝殿及藏经阁，东西两侧有伽蓝殿、祖师殿、方丈院、文殊发塔及青龙楼等建筑。

大白塔在五台山有着极其尊崇的地位。公元前3世纪中叶，印度阿育王为弘佛法，将佛祖荼毗后的舍利分送至世界各地，其中19份传入中国，山西有5份，其中一份就供放于此塔中，故该塔又名“释迦文佛真身舍利塔”。

据传，大白塔最初为五金八宝铁塔，唐代在外围修二层八角砖塔，元大德五年（1301），尼泊尔建筑大师阿尼哥到访五台山，将砖塔修为喇嘛塔，明永乐五年（1407）和明万历九年（1581）又分别在此基础上增高加粗，扩建成我国现存最高的喇嘛塔。这种塔中套塔的建造模式十分罕见。

台怀镇全貌

大白塔通高 54.56 米，由地宫、地基、束腰须弥座叠加的塔座、塔瓶（塔主体）、13 层相轮、华盖和高达 5.4 米的风磨铜宝瓶组成。塔基四周装有 123 个 80 厘米高的转经筒，塔身南面洞窟里珍藏着由玄奘法师西行取经时拓回的释迦牟尼生前留下的脚印而制成的佛足碑。

在塔的东侧还矗立着另一座白色砖塔——文殊发塔，据说塔内藏有文殊菩萨的头发，是佛教徒到五台山要朝拜的另一圣迹。

塔院寺主殿——大慈延寿宝殿位于大白塔南，是万历皇帝为其母亲祈求长寿所建，殿内供奉释迦牟尼佛、文殊菩萨和普贤菩萨像；塔北面则是位于塔院寺最高处的藏经阁，阁中保存着汉、蒙、藏等经书 2 万多册，其中 2 千多册为宋至清乾隆年间刻印的善本书，是五台山规模最大、保存经书最多的经阁。

转经筒

旅游指南

交通：在五台山景区内可打车或乘公交车前往

门票：135 元（五台山景区），10 元（塔院寺）

开放时间：8:00 ~ 17:00（以当天为准）

【五台县】

南山寺

NANSHAN TEMPLE

南山寺位于五台山台怀镇，因建在清水河南岸的南山坡而得名。整个寺庙坐东朝西，面向清水河，依山而建，由 7 层殿宇和 18 处院落组成。整个寺庙分三大部分，分期修建：上三层，始建于元代，时称“大万圣佑国寺”；下三层，清朝修建，称“极乐寺”；中间一层为善德堂。清末改建，将原有的三部分连成一体，总称南山寺。经过 23 年的连续施工，遂有如今宏伟的规模。

掠过山门前影壁，登上 108 级台阶，过石牌楼，便是极乐寺。大雄宝殿为其主体建筑，且是南山寺现存塑像最完整的大殿，其面宽三间，殿门内额悬挂慈禧太后题写的“真如自在”

1. 南山寺俯瞰（局部）
2. 南山寺石牌楼
3. 南山寺大雄宝殿
4. 南山寺石雕
5. 南山寺法会

牌匾，与边侧禅堂院的“真如自在”石刻相对应。殿内佛坛上的彩塑释迦牟尼像、木雕普贤菩萨及石雕文殊菩萨、汉白玉送子观音，技艺高超，精巧生动。四壁神台上的十八罗汉泥塑像，为五台地区彩塑珍品。其中一尊睡罗汉睡姿优美，衣饰线条流畅，如真人安憩于此。东、西山墙绘制有明代壁画，东壁为《佛传图》，西壁为《唐僧取经》，笔法工整，线条流畅，技艺精湛。

南山寺是石雕艺术的宝库，以石刻、砖雕艺术多且精而闻名，宏观浩大、微观精细。由极乐寺拾级而上，穿过善德堂便是佑国寺。佑国寺共有三层，寺内的石雕附于檐下、墙上以及影壁、柱础等各种建筑上，雕刻画面达1480余幅，可谓体量巨大。这些石雕就内容而言，大大突破了佛教题材，除传统的花、鸟、虫、兽外，历史典故与神话传说也被大量引入，有《穆桂英挂帅》《苏武牧羊》《三顾茅庐》《李密牛角挂书》《孟母择邻》等历史典故，也有《八仙过海》《蟠桃大会》《猴王登天》《嫦娥奔月》等神话故事。寺中除了精美石刻外，廊柱、门檐下铺满的木雕也雕刻玲珑，尤为精彩。观览于此，如同步入顶级艺术画廊，游人无不为其刀法纯熟、构图绝妙、造型灵动、巧夺天工而叹服。

旅游指南

交通：到达五台山景区后，可打车或乘公交车抵达

门票：135元（五台山景区）

开放时间：8:00 ~ 17:00（以当天为准）

【五台县】

龙泉寺

LONGQUAN TEMPLE

龙泉寺位于台怀镇西南5千米处的九龙岗南麓。该处九岭环抱，寺东侧有甘冽泉水从山中流出，如九龙会饮，故名“龙泉”，寺庙也由此得名。寺院始建于宋代，明嘉靖年间（1522—1566）重修，民国初历时14年扩建，现存建筑多为民国遗物。

龙泉寺相传由杨家将家庙改成，如今在寺西北还有杨令公塔一座。龙泉寺建筑格局较有特点，三座山门并排而立，各通一院，院与院之间有券门相连。东院为主院，中轴线上有天王殿、观音殿和大雄宝殿。中院有地藏殿、普济和尚墓塔和祖师殿。普济和尚为五台山著名高僧，一生修筑了大小寺院18座。西院为四合院，院内建有普济弟子岫净文公墓塔。

旅游指南

交通：到达五台山景区后，可打车或乘公交车到达

门票：135元（五台山景区）

开放时间：8:00 ~ 17:00（以当天为准）

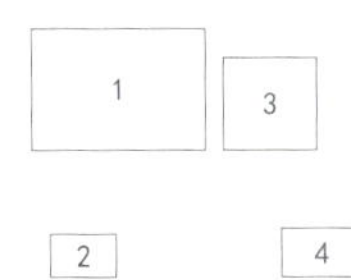

1. 汉白玉牌楼
2. 寺院外景
3. 寺前石阶下的影壁
4. 汉白玉牌楼上的二龙戏珠浮雕

龙泉寺最美之处是其精美的石雕，以影壁、石牌楼和普济和尚墓塔闻名，在五台山寺庙群中独树一帜。影壁位于寺前108级石阶之下，以青砖建造。影壁中央嵌一块汉白玉浮雕，画面包含五台山五个台顶的标志性建筑，构图精巧，雕刻精美，为珍贵的艺术品。台阶尽头是闻名遐迩的汉白玉石牌楼，前后花费6年时间雕刻而成。牌楼三门四柱，居中者高大，形似木构，实为镂空石雕。中间的拱券上雕有二龙戏珠，仿若飞腾于白云之中。整个牌楼从基石、抱柱到瓦顶、脊兽，均采用镂空雕刻，使整体看起来玲珑剔透。图案包罗宏富，其中有蟠龙89条、狮子36只，姿态迥异，气势不凡。人物及花卉等各式吉祥图案众多，草叶花蕊，薄如轻纱，技艺高超，为近代雕刻艺术中之珍品。普济和尚墓塔位于龙泉寺中院，四方形塔基上立八角形须弥座，塔肚之上雕八角飞檐，檐上为十三级浮屠，并饰铜顶。此外，和尚塔上还雕有100余尊小佛像，造型别致、雕刻精细，为五台山石塔中的代表。

【五台县】

殊像寺
SHUXIANG TEMPLE

殊像寺在大白塔西南，因供奉文殊菩萨而得名，是名扬海内外的“文殊祖庭”。殊像寺始建年代不详，原名“殊祥寺”，元代毁于战火。明成化二十三年（1487）由住持铁果林禅师重建,取今名。殊像寺是五台山五大禅院之一，也是五台山青庙十大寺之一，是清廷皇帝带太后经常临幸之所，1983年被国务院确定为汉族地区佛教全国重点寺院。

殊像寺前有木牌楼、天王殿，两翼分布钟鼓楼、庑廊、配殿，藏经楼、善静堂居最后，正中为文殊殿。寺庙总体布局轴线分明，左右对称，规模宏大。寺前木牌楼下方有一圣泉，名为“般若泉”。木牌楼为四柱三檐式建筑，正面挂“殊像寺”牌匾，后曾有康熙亲笔御书的“瑞相天然”匾（现为临摹）。天王殿与山门合二为一，殿中供奉弥勒佛，西侧则为四大天王；弥勒佛背面是护法韦驮天尊。天王殿后为文殊殿。

文殊殿为殊像寺主殿，亦是五台山最大的文殊殿宇，面阔五间、进深四间，重檐歇山顶，琉璃剪边并置脊兽，殿前有宽大的明代月台。殿内塑有文殊菩萨坐青狮像，像高近10米，为五台山最高、最传神的文殊巨型塑像。青狮高约4米，

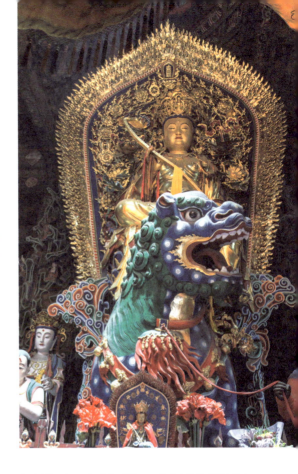

四蹄蹬地，昂首竖耳，双眼圆睁，张口卷舌，周身五彩，蓝底白点，雄壮敦实，精神抖擞，似箭步飞奔，旁有于阗王牵缰侍立。端坐其上的文殊菩萨，面相饱满，两耳及腮，目光炯炯有神，双手微举，造型传神，其背光亦通体贴金，光芒四射，愈加显得文殊菩萨庄严威仪，令观者更加肃然起敬。传说，当时塑文殊菩萨头像时，菩萨在空中显真容，工匠遂即用荞麦面照形捏制，刚捏好，真容即隐去。后匠人再用泥仿塑，终不及前者，于是干脆就将荞麦面头安了上去，因此此尊塑像也有“荞面头文殊菩萨”的称谓。康熙御题的“瑞相天然”，据说即为观此像后所题。

大殿的东西次间北壁塑有药师佛和阿弥陀佛像，三面墙壁及明间扇面墙后有明代五百罗汉渡海等塑像和悬塑，悬塑一直延伸至殿顶，高 6.8 米，总长超 48 米，形象生动地描绘出五百罗汉的修身苦行、法力神通——悬塑中还有铁果林禅师像、攀坐在梁架高处伸出的树枝上的济公罗汉等。彩塑精致，人物众多，场景多变，规模宏大，为五台山稀有珍宝，再加上蓝、绿、红的鲜亮色调，使整个大殿显得五彩斑斓。

1. 俯瞰殊像寺
2. 文殊菩萨
3. 文殊殿悬塑

旅游指南

交通：五台山汽车站距此不远，下车后步行约 1 千米即可到达

门票：135 元（五台山景区）

开放时间：8:00 ~ 17:00（以当天为准）

【定襄县】

洪福寺

HONGFU TEMPLE

大殿

洪福寺位于定襄县城东北 23 千米处的宏道镇北社东村一土台上，占地 3300 平方米，由周长约 400 米的堡墙环护，是山西北部唯一的一座城堡式寺院。寺院为一进院结构，有正殿和东、西配殿。2001 年，因其宋金时期的建筑和彩塑，被列为第五批全国重点文物保护单位。

正殿面宽五间、进深三间，悬山顶，门上悬挂着清道光九年（1829）时书的“毗卢真境”匾额。屋顶为通板灰瓦，脊饰琉璃鸱吻，殿前左右有多通明清时期重修碑刻。殿内共有 9 尊金代塑像，分别为“华严三圣”（释迦牟尼佛、文殊菩萨、普贤菩萨）、弟子、胁侍菩萨和护法金刚。佛坛正中为释迦牟尼佛，弟子迦叶、阿难侍立两侧。佛像通身贴金，神态安详，结跏趺坐作说法状；阿难双手合十，谦恭

毗卢殿内“华严三圣”与众胁侍塑像

毗卢殿文殊菩萨塑像

毗卢殿普贤菩萨左侧胁侍菩萨塑像

下视，面色宁静；迦叶则双手局促，侧身仰头望向释迦牟尼。佛的左右两旁分别为文殊、普贤菩萨，独具五台山特色的红脸文殊菩萨，脸形圆润，目光慈祥，衣着华丽，宝冠简美；普贤菩萨面庞丰满，目光柔和，身姿微倾，衣纹流畅。菩萨两侧各有一尊胁侍菩萨，左侧一尊拈指胸前，表情略显凝重。右侧一尊则眉眼舒展，表情略带羞涩。佛坛前沿两侧立护法二金刚，两位皆戴盔束甲、衣饰精细，一位脸膛红润、双目圆睁，一位面皮白净、蹙眉吊睛。整堂塑像布局简约，体现了宋金时期崇尚的唯美风格，人物造型趋向世俗化，更重视其内心的刻画。尤其是两尊胁侍菩萨像最为写实生动，可谓是宋金时期的彩塑精品。

此外，佛与菩萨的背光雕饰繁复，繁花锦簇，楼台矗立，小佛布列其间。梁顶则是佛与手持各类乐器的飞天悬塑，他们脚踏祥云，优美飘逸，与佛坛彩塑共同刻画出仙乐飘荡的佛国世界。

旅游指南

交通：从忻州市坐火车到定襄县后打车前往

门票：免费（参观需征得同意）

开放时间：全天

毗卢殿文殊菩萨右胁侍塑像

【原平市】

惠济寺

HUIJI TEMPLE

惠济寺位于原平市东北 15 千米处的中阳乡练家岗村。据明嘉靖十三年（1534）碑载，该寺创建于唐代，重建于宋代。元至清，历代屡有修葺。寺院占地面积 2135 平方米，现存山门、文殊殿、观音殿、东西配殿、钟楼等。2013 年，惠济寺被列为第七批全国重点文物保护单位。

1. 观音殿西墙圆觉菩萨塑像
2. 观音殿外景
3. 文殊殿文殊菩萨及众胁侍塑像
4. 观音殿东墙圆觉菩萨之一

文殊殿为宋代重建，保留唐柱两根。殿内宽大佛坛上有保存尚算完好的宋代彩塑。主尊为文殊菩萨骑青狮像，左、右两侧为胁侍菩萨，前面则为牵狮者于阗王和童子，左外侧一尊为文殊老人或称圣老人，右外侧为僧人。这组彩塑结构和佛光寺文殊殿里七尊塑像布局类似，在忻州一带的文殊殿流行。不过，十几年来惠济寺多次遇劫，文殊菩萨、供养菩萨等头像屡屡被盗，新补塑的与原塑水平相去甚远。

文殊殿角落里有一曹姑姑坐化像，外部为泥塑，内部为肉骨真身。据传建寺时，有曹氏以汲水为布施，每日清晨辛劳汲水，足够一日之用，竣工后曹氏竟坐化于此。乡民认为系曹氏敬神灵验之兆，遂以其真身塑像。

观音殿坐南面北，面宽三间。正中塑一渡海观音像，右胳膊搭在曲起来的右膝上，左手轻撑莲台，左腿轻松垂下，跣足踏莲花，整个造型和平遥双林寺观音殿的观音一样，为古代流传的自在观音像。旁边原来侍立的善财童子、龙女像已经不存。东、南、西墙下的神台上塑十二圆觉菩萨像，东、西临窗处各有一尊武臣坐像。从碑记上可知，观音殿的塑像为明成化十三年（1477）所塑。东、西壁有描绘“观音救度”故事的壁画，保存基本完好。

旅游指南

交通：从忻州市坐火车到原平市后打车前往

门票：免费

开放时间：8:00 ~ 17:00（冬季）
6:00 ~ 19:00（夏季）

【代县】

边靖楼

BIANJING TOWER

边靖楼登楼马道

位于代县县城中心的边靖楼，是山西现存体量最大的木质鼓楼，始建于明洪武七年（1374），成化七年（1471）被焚后重建，清代多次修葺，现存楼阁基本保持明代风格。2001 年，边靖楼被列为第五批全国重点文物保护单位。

雄伟的边靖楼坐北朝南，由高大的砖券门洞台基和三层四重檐歇山顶的楼身两部分组成。楼身高 26 米，加上台基达 40 米，楼身面宽七间、进深四间。楼南面悬挂两块巨匾，一为雍正年间的“声闻四达”匾，一为道光年间的“雁门第一楼”匾。楼北面挂雍正年间巨匾，上书“威镇三关”四个大字。在楼下的台基中，有南北走向 10 米高的石券楼洞，可供通行。

城楼内部梁架用材巨大，共有三层，有木楼梯可以登上皆为木构的第二层和第三层。楼内部空间开阔，在楼外的围廊可以清楚地观察县城内一切情况。北面，句注山巍峨起伏；南面，白云绕行之间，可望五台山脉。环顾一周，只见四条大街延伸到城外，滹沱河在城外缓缓流淌……站在城楼上极目远眺，望河山壮美，便会若古人一样，心中豪情油然而生。

旅游指南

交通：从忻州坐火车或汽车可到代县，县城内没有公交车，可选择打车或步行前往

门票：20 元　**开放时间：**8:00 ~ 18:30（夏季），8:00 ~ 18:00（冬季）

城楼外观

【繁峙县】

岩山寺

YANSHAN TEMPLE

岩山寺位于繁峙县城东南 43 千米处的五台山北麓天岩村，始建于金正隆三年（1158），元、明、清三代多次修葺，现存山门、钟楼、东西配殿、南殿、禅院等。1982 年，岩山寺被列为第二批全国重点文物保护单位。

岩山寺南殿为金代遗构，斗拱、梁架和瓦顶为元代翻修，东西配殿为明建清修。南殿即文殊殿，面阔五间、进深六椽，单檐歇山顶，檐角高挑，轻灵飘逸。殿南北两面明间装板门，次间置直棂窗，梢间和东西面均为墙壁。殿内佛坛上有文殊菩萨坐骑青狮（文殊像不存）、观音菩萨、于阗王、金刚等多尊塑像，都是金代精品。

岩山寺的最大亮点是保存至今的由

1. 钟楼及寺院外景
2. 岩山寺外小庙

金代宫廷画匠绘制的壁画。根据壁画题记和碑文记载，金大定七年（1167），宫廷画师王逵花费 10 多年的时光，在岩山寺绘制了这堂壁画。

西壁现存的壁画画面高 3 米有余、宽 11 米，内容为释迦牟尼佛传故事。东壁北侧为“灯照王喜得王子”“普光王子出家成佛”“燃灯佛归国说法，父王隆重迎接”“善慧仙人购莲花”等画面。从善慧仙人得燃灯佛点化、护明菩萨乘象入胎，到悉达多太子降生、入学、掷象、射穿九连鼓，再到悉达多王子深夜出宫、深山修行、成佛等故事画面十分清晰。画家穿越时间和空间，把释迦牟尼授记、投胎、斗法直到成佛的前世今生、天上世间

文殊殿西壁壁画《酒楼市井图》，内容是为释迦牟尼授记的善慧仙人在市集买金莲花

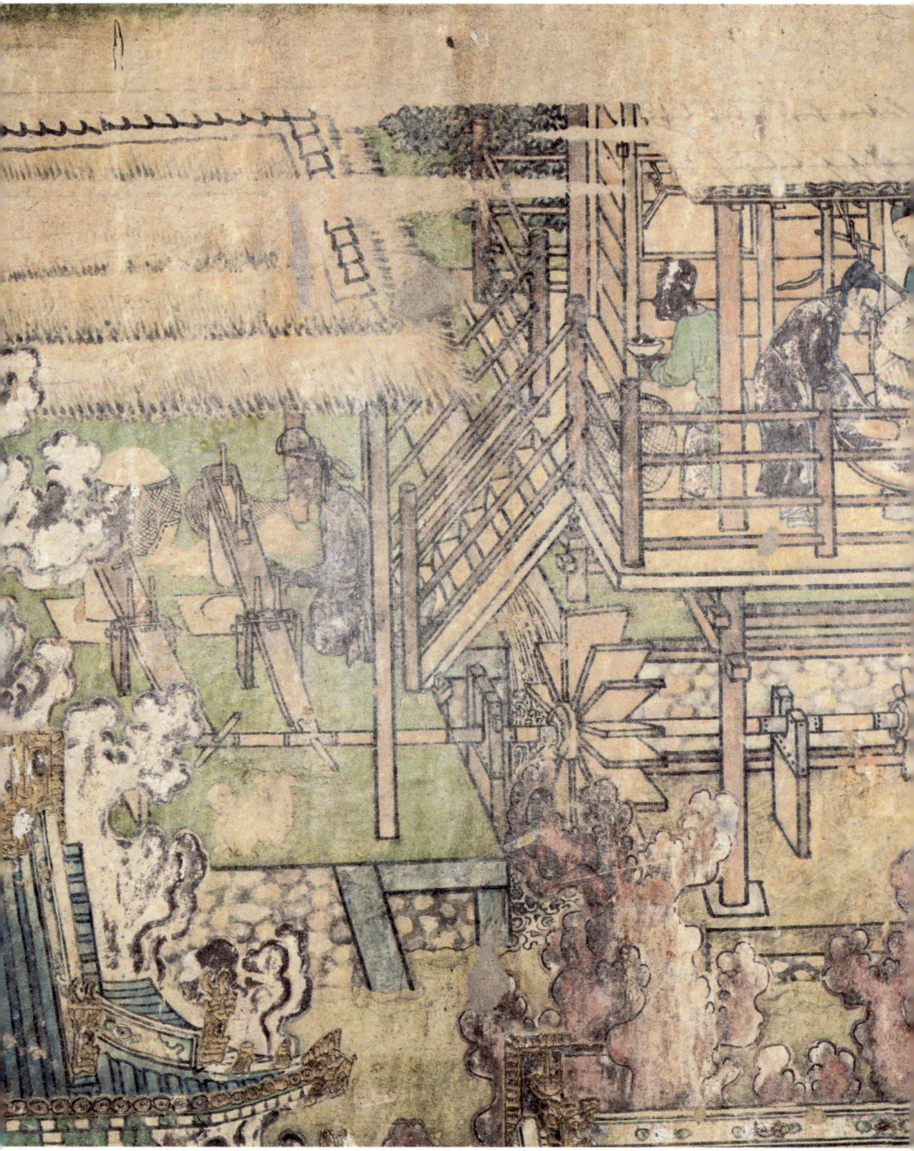

《水推磨坊图》(东壁)壁画

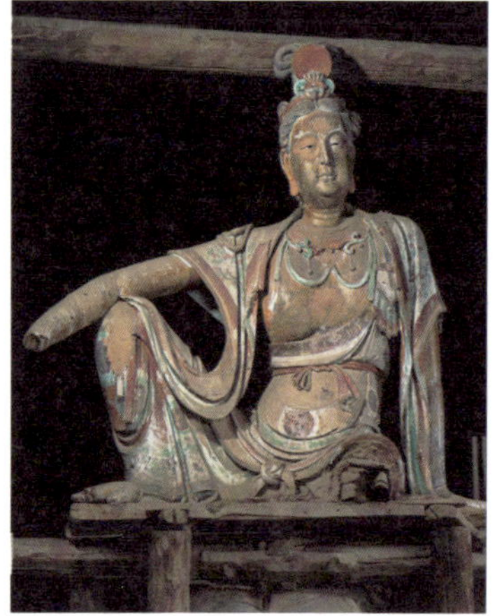

1. 文殊殿佛坛北侧倒座水月观音塑像
2. 文殊殿文殊老人塑像
3. 文殊殿文殊老人塑像服饰花纹特写
4. 文殊殿文殊坐骑残像

旅游指南

交通：从忻州坐火车或长途汽车到繁峙县，或从五台山自驾或包车前往

开放时间：暂不对外开放

的全过程和谐地安排在一壁上，布局精妙，画技绝伦。画面中的《酒楼市井图》尤其精彩，酒楼的旗招上写着"野花钻地出，村酒透瓶香"，楼内有吃酒者、敲鼓的说书卖艺者、凭栏远眺者，楼前的街上人群扰攘，有做生意的小贩、提鱼回家的市民、提笼架鸟的闲人，等等，生活气息扑面而来。这样的细节在画中的每处小院、楼阁、街道中都得到充分展现，且疏密有致，使全画浑然一体，却又独立成篇，在讲述佛传故事的同时，将宋、金时期城市生活的诸多细节表现无余，构成了一幅宋金都市风情画卷，可与张择端笔下的汴京相媲美，被称为"墙壁上的《清明上河图》"。

东壁内容为佛说法图和鬼子母故事，其中《鬼子母夫妇对饮图》《童子嬉戏图》《水磨坊图》等画面十分精彩。《童子嬉戏图》中皮影戏的场景，是关于皮影戏最早的图像记载；《水推磨坊图》中生动描绘了金代人们利用水力劳作的场景；《皇后祈祷图》中皇宫殿宇轩昂，楼台林立，"前朝后寝"的规制一览无余——皇帝端坐高殿，阶下诸臣俯伏，廷议大事，后、妃为君分忧，祈祷鬼子母前来应供，勿扰民间……

岩山寺里金代仅存的一堂壁画，为高手所为，气势磅礴，画风细腻，是古代留存下来的艺术瑰宝，更为建筑、民俗、绘画、服饰、工艺等研究者提供了珍贵的物质资料。

公主寺全景

【繁峙县】

公主寺

THE PRINCESS TEMPLE

公主寺位于繁峙县杏园乡公主村隐峰山半山腰。该寺传说是北魏文成帝第四女诚信公主所建，故名“公主寺”。其原来的殿堂是按照皇家“三宫六院”的格局布置，后毁于战火。明弘治十六年（1503）重修，迁移到现址，清代至民国期间屡有修葺。寺内有韦驮殿、伽蓝殿、马王殿、奶奶庙、戏台等，最有价值的是过殿和大雄宝殿里的水陆壁画。2006 年，公主寺被列为第六批全国重点文物保护单位。

寺院一进门是明代建筑过殿，面阔、进深都是三间，单檐悬山顶。殿内正中塑法身毗卢遮那佛坐像，左右是忉利天主和帝释天主，背后是观音菩萨像。山墙塑文殊、普贤菩萨及十八罗汉像。其中，毗卢遮那佛背后悬塑有佛成道时所示现的八种相（“八相成道”），菩萨与罗汉背后悬塑有山水云雾、亭台楼榭等美景，也有六子闹弥勒、济公等形象，颇具动感，与静坐的塑像适成对

旅游指南

交通：没有公共交通前往，建议自驾或从县城包车抵达

门票：收费（以当年为准）

开放时间：9:00 ~ 17:00

大雄宝殿东壁文殊菩萨像

大雄宝殿南壁西梢间壁画（局部）

大雄宝殿南壁西梢间壁画特写

比，共同组成了协调生动的立体图画。

公主寺中心建筑大雄宝殿佛坛上塑横三世佛，释迦牟尼佛前是迦叶、阿难。大殿四壁是美轮美奂的明代水陆画，内容包含了佛、道及民间诸神、往古贤哲、士农工商、三教九流、六道四尘、地狱鬼众等，不足 100 平方米的墙上布满 480 多位人物，体现了国人万物有灵的信仰及当时“三教合一”的思想。壁画工笔重彩，整体着色以朱、黄为主，佛座、花冠、衣襟、宝盖和天王、金刚的胄甲等沥粉贴金，增加了热烈气氛，同时运用朱砂、石青、赭石等石色，使画面宁静庄重。

整个壁画的构图与传统的成行列雁式不同，采用了对称、均衡、中心式构图，在规整中求变化，在变化中求秩序，整体表现和谐。以大殿门口正对着的释迦牟尼佛为中轴，左右两部分完全对称。东壁是以卢舍那佛为中心的佛道神仙团，西壁对应的是以弥勒佛为中心的佛道神仙团。在总对称之中又有局部对称，如十八罗汉、天龙八部、四大天王等成员为双数的分列佛左右；有时为了对称，也会增加组员，如九曜就是分别在两侧绘制了五名成员；而其余神祇对称较为灵活，如

大雄宝殿横三世佛

后土圣母对天妃圣母、毗迦女众对大力鬼王。这样的对称结构使庞大的仙团看上去整齐有序。同时，为了避免呆板，相对应的两组通过服饰、神态、动作等局部变化，打破平衡，使画面不失灵动。如东西两壁的主佛，双方同样身披红袈裟结跏趺坐于莲花座，但是卢舍那佛着豆青色内衣，腰间打结，双手在胸前施说法印，露出一只脚；弥勒佛则着青紫色内衣，下腹部打结，左手结与愿印，右手施触地印，只露出半只脚。此外，与一般大殿中水陆画东壁绘出行、西壁绘回归不同，这里的两幅均为出行图，比较罕见。

北壁中轴两侧各绘五大明王，南壁东侧是引路王菩萨引领的往古人伦和孤魂等众，对应的西侧则是阿难尊者和面燃鬼王引领的历史人物和孤魂等众。

殿中塑像与壁画共同构成了三身三世佛，塑、绘结合也增强了水陆画的立体感。壁画线条流畅，绘艺极佳，是明代水陆画中的优秀之作，生动地表现出社会各阶层的人物形象，是研究明代社会生活的宝贵资料。

过殿探手罗汉塑像

过殿开心罗汉塑像

孟县藏山大王庙 | 郊区关王庙

阳泉地处冀晋要冲，素有“京畿藩屏”之称，历来为兵家必争之地。雄伟的娘子关依山傍水，跨越时空，诉说着历年的纷争和一段段商旅故事。关山明月，沧海桑田，追忆着英雄往事；藏山峭壁飞岩，松柏掩映，庙宇群集，因“赵氏孤儿”的故事增添了令人称道的历史传奇；平顶如原的冠山，林木茂密，文脉悠悠，儒释道三教并盛，闻名遐迩的“冠山书院”汇聚了一代代文化名流；连通晋冀的深山古道，记住了一个个成就历史的身影。位于晋东的阳泉，现有国家重点文保单位 11 处，有以开河寺石窟、千佛山摩崖造像等为代表的北魏宗教文化遗迹，有纪念战国时期赵国义士程婴、公孙杵臼的大王庙、藏孤洞，有市郊林里村建于北宋时期的关王庙，等等。在深山乡林中，探古访幽，寻觅历史奥妙，是另一种愉悦的生活体验。

【盂县】

藏山大王庙

DAWANG TEMPLE AT CANGSHAN

藏山大王庙位于盂县城西北香河北岸，始建年代不详。金承安五年(1200)重建，此后历代屡有修缮。现存主要建筑为金代风格。2001年，作为金、明时期的古建筑，大王庙被列为第五批全国重点文物保护单位。

此庙祭祀的大王为春秋时晋国上卿赵武。

林木茂盛、崖壁交错的藏山是一座有故事的文化名山。《史记》载：春秋时晋国大夫赵朔被其政敌灭族。朔妻为晋景公姊姊，躲于宫中生下遗腹子赵武。为躲过政敌索杀，门客公孙杵臼与朔挚友程婴设法将婴儿藏匿于盂山。后杵臼舍身程婴舍子。躲过政敌追杀后，程婴在藏山独自抚养赵氏孤儿15年。及赵武举行了加冠礼后，程决意自杀以报故友。赵武哀求不成，为他守齐衰之丧三年，划地建祠春秋祭祀，永世不绝。后来赵武为卿大夫，成为赵氏复兴的奠基人。后人因此改盂山为藏山，并立祠祭祀。

元代戏剧家纪君祥将这一传奇故事改编成了元杂剧《赵氏孤儿》，并在17世纪传入欧洲，被意大利、法国、德国的戏剧家们翻译、改编、上演，产生了深远而广泛的影响。

藏山神信仰发源于盂县藏山，但在山西、河北、河南三省交界地区也有广泛的影响。在太原的阳曲等地的乡村至今还保存着不少藏山祠（庙）。

盂县民间对藏山神（赵武、程婴

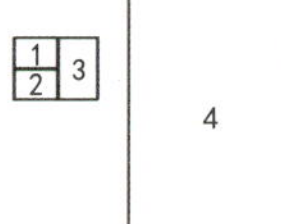

1-2. 大王庙殿宇内景
3. 清代牌楼
4. 大王庙鸟瞰图

旅游指南

交通：在阳泉高铁站打车，或在盂县县城的藏山北路坐城乡公交车前往

门票：80元（藏山旅游风景名胜区）

开放时间：
8:00～18:00，8:30～17:00（冬季）

公孙杵臼等群体）的信仰，一方面是对赵武与程婴等忠贞无私、舍生取义和知恩图报的伟大人格的精神信仰，另一方面是出于百姓对美好生活的祈求，他们视藏山神为自己的“福祉”之神——“藏山大王，古晋国之圣卿也，功符天地，德会两仪，是以施风雨而管天下”。当地百姓虔诚地把“藏山大王”作为“御灾捍患”的保护神来信仰和崇拜。

藏山现存的大王庙坐北朝南，中轴线上有照壁、山门、正殿、寝宫，山门两侧为钟楼、鼓楼，其中寝宫为金代原构，正殿为明代建筑，余为清代所建。

正殿是庙内主体建筑，面阔、进深三椽，单檐歇山顶，铺盖琉璃筒瓦和五脊六兽。殿内使用长跨三间的粗大木料，为典型减柱营造式；寝宫面阔三间、进深四椽，单檐悬山顶，屋顶为筒板瓦，梁、柱、栏、斗拱皆用材粗大，榫卯严实，构筑稳固。斗拱形制多样，在古建筑中不多见。

【郊区】

关王庙

GUANWANG TEMPLE

山门

阳泉林里村关王庙又名“关帝庙”，俗称“老爷庙”，坐落在阳泉市郊林里村玉泉山的山腰上。庙宇修建于北宋熙宁五年（1072），重修于北宋宣和四年（1122），元、明、清虽屡有修葺，但整座建筑仍保留了唐宋建筑之风格。关王庙坐西南朝东北，随山势而建，占地近7000平方米，中轴线上依次分布外院、下院、上院三部分。整个建筑以关王正殿为主体，由献殿、过门马殿、南北配殿、围插廊以及外院的戏台、大门、忠恕牌坊、落箭亭、饮马亭等组成。1996年，因大殿奇特的建造法，关王庙被列为第四批全国重点文物保护单位。

关王庙正殿是宋代原构原貌，面阔三间、进深六椽，单檐九脊歇山顶，殿内供奉着“武圣”关公及随臣像，皆为新立。

有关阳泉关王庙的建筑，留下了许多有趣的传说。据传，当年的工匠们奉旨修殿，限期完成。眼见工期要到了，却发现还缺了一根大柱，工匠们急得彻夜不眠。三更天到，工匠们的祖师爷鲁班神从天而降，他就地取材，用工地上的锯末和上黏稠的红土浆塑成大柱，转瞬间，大柱做成；接着他又来到一大堆木头前，挥动斧头，三下五除二，做成了房椽……就这样，工匠们在鲁班神的帮助下，终于在天亮前完成了大殿的建造。官府验收时，不仅对质量十分满意，还发现大殿内外尺寸一样长——从此“锯末面柱乱砍椽，大殿内外一样宽”的奇绝故事代代相传。

用现代人的眼光看，“乱砍椽”应该是一种把木材快速加工成椽的先进工艺；“锯末面柱”已能够在工程中实际应用（如“木塑材料”等）；但至于为何大殿内外一样宽，则还等待对此感兴趣的列位游客前去实地考察、破译。

时至今日，已在风雨中屹立了900多个春秋的关王庙是中国仅存的唯一一座宋代关王庙。它不仅显示了先祖们精湛的建筑技艺，也闪耀着中华民族千余年来倡导的“忠、义”文化之光，每年都吸引着不少建筑专家、游客前来考察、观光与祭祀。

献殿

旅游指南

交通：在市区打车或乘公交车至林
交站后步行约5分钟可达

门票：免费

开放时间：
8:00～12:00，14:30～19:00（夏
8:30～12:00，14:00～18:00（冬

平遥县镇国寺 | 平遥县利应侯庙 | 平遥县双林寺 | 平遥县文庙 | 昔阳县石马寺石窟 | 祁县乔家大院 | 太谷县曹家大院 | 太谷县净信寺
灵石县资寿寺 | 灵石县王家大院 | 介休市张壁古堡 | 介休市后土庙 | 介休市云峰寺

晋中是号称“海内最富”的明清晋商大族的主要聚集地，构成这一地区历史风貌和文化载体的是被列入世界文化遗产名录的平遥古城、太谷与祁县古城、规模宏伟的乔家大院、王家大院、曹家大院等。一条条商业古街，一座座精心建造的豪宅，记录了几代金融家的传奇人生，它们与平遥古城一起书写着晋商的兴盛与荣辱。号称“中国金融鼻祖”的日升昌票号、多次成为影视剧取景地的祁县乔家大院、被誉为“民间故宫”的灵石王家大院、期盼“多寿、多福、多子”的太谷曹家大院等，构成了晋中独特的魅力。晋中现有全国重点文物保护单位 70 处，其中历代闻名遐迩的寺观庙宇就占了一大半。始建于北魏的双林寺有彩塑 2000 余尊，被称为“东方彩塑艺术宝库”；建造于五代时期的镇国寺，以精美的五代彩塑、明代壁画、碑碣而闻名于世；灵石资寿寺因十八尊罗汉头像被盗、中国台湾商人陈永泰以巨资赎回，而被文物保护者们传为美谈……晋中以明清商人、银行家的成功史，古城与大院文化，众多的古代庙宇，吸引着无数慕名而来的远方游客。

【平遥县】

镇国寺
ZHENGUO TEMPLE

三佛楼

镇国寺位于平遥县城东北12千米的郝洞村，始建于五代时期的北汉，原名“京城寺”，明嘉靖年间（1522—1566）改名“镇国寺”。寺院由两进院落组成，前院是山门、天王殿和左右钟楼、鼓楼，正中是主殿万佛殿；后院中间为三佛楼，东为观音殿，西为地藏殿。镇国寺内的万佛殿最为著名，外观宏伟，内构牢固，巍然屹立千年，也因于此，镇国寺于1988年被列为第三批全国重点文物保护单位。

万佛殿始建于五代北汉天会七年（963），北汉政权存在短暂，留存建筑极为稀少，木构建筑能够保留下来十分难得。

万佛殿面阔三间，平面近正方形，进深六椽，单檐歇山顶，出檐深远，简洁有力的大殿飞檐近2米，外形稳重。梁架均是原装，彩绘散尽，千年原木露出本色，庞大的七辅作斗拱，总高超过柱高的2/3，殿顶形如巨伞，是现在仅存的几座五代木构建筑精品之一。

万佛殿全堂

万佛殿文殊菩萨及胁侍菩萨、供养人塑像

万佛殿现有塑像 14 尊，其中 11 尊是五代塑像原作，为中国寺观唯一一堂五代雕塑作品，有晚唐风格，至为珍贵。在人们的精心保护下，众菩萨像的色彩依然鲜艳。

对于想要鉴赏中国艺术的人来说，此殿塑像为镇国寺游览重点。殿内佛坛占室内面积一半，坛上一佛、二弟子、四菩萨、二金刚、二供养人。佛祖高大慈祥，经明清多次修葺，更具一股清新气象；弟子阿难面相长圆，鼻梁挺秀，双目炯炯有神，恭敬之余不乏灵敏机智；迦叶则一副忠厚长者的面相，似饱经沧桑；文殊、普贤两位菩萨结半跏趺坐，眉目秀丽，双唇紧闭，给人以喜悦之感，骨骼健美，肌肤盈润，虽为泥胎却让人感觉肌肉极有弹性；两位胁侍菩萨站立两侧，面相丰满圆润，长眉细眼，鼻梁挺秀，口若有情，眉目有神，自然的“S”

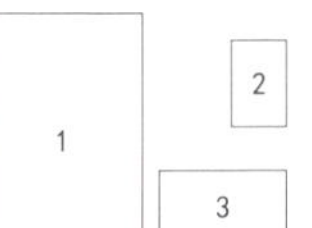

1. 三佛楼卢舍那佛右胁侍菩萨塑像
2. 三佛楼释迦牟尼佛左胁侍菩萨塑像
3. 三佛楼毗卢遮那佛及胁侍菩萨塑像

形站姿呈现纯洁、虔诚和俊俏的美感，颇有盛唐雍容华贵的气象，其闲逸的神态，很受游客的青睐，也是镇国寺的“形象代言人”（镇国寺门票上即印有其中一位）；两位金刚阔口圆脸，隆鼻怒目，手握降魔杵直视前下方，护法威严直透人心，不过与后世金刚怒目狰狞的形象不同，这两位仍是常人面相，乃唐风延续。

“万佛”的名称来自四壁上连绵的坐佛壁画。走在殿中，四面万佛围绕，在这一殿便可尽览佛的各种神态，仿佛能感受到祥光瑞霭，一派庄严气氛。佛坛群像生动传神，构建起活灵活现的佛国世界。

二进院主殿三佛楼，左右两侧是观音殿和地藏殿。观音殿塑像不存，地藏殿除三判官像外，余皆幸存。主殿三佛楼内保存着明代塑像和佛本生壁画，很值得一看。楼内塑像七尊，主塑像为三身佛毗卢遮

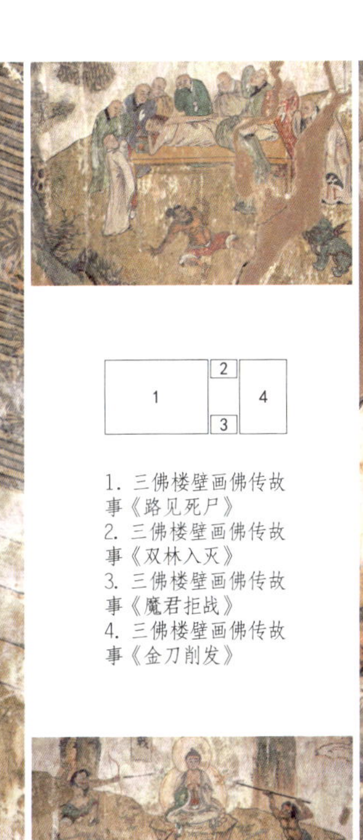

1. 三佛楼壁画佛传故事《路见死尸》
2. 三佛楼壁画佛传故事《双林入灭》
3. 三佛楼壁画佛传故事《魔君拒战》
4. 三佛楼壁画佛传故事《金刀削发》

那佛、卢舍那佛、释迦牟尼佛，其余四尊为供养菩萨。它们苗条清秀、造型优美，是典型的明代早期作品。楼两壁上以连环画的形式，描绘了释迦牟尼的一生。这些壁画从构图到技法都独具风格，兼有中国传统山水花鸟和人物肖像画特征，风格朴素，不失为明清同类壁画中的佳品。

寺内四株古槐虬曲向天，民间传说为“四大金刚”。1994 年曾有雷电击向寺院，其中一株千年古槐将电吸走，枝断皮焦，却使天王殿和整个寺院毫发无损。次年，老树又恢复生机。这些古槐和万佛殿一样，默默见证了历史变迁。

旅游指南

交通：从太原坐火车到平遥站后打车前往，或在县城公交公司站乘公交车至郝洞（镇国寺）站下车后到达

门票：20 元

开放时间：8:00 ~ 18:00（夏季）
8:00 ~ 17:30（冬季）

利应侯及夫人、女儿、侍女塑像

【平遥县】

利应侯庙

LIYINGHOU TEMPLE

利应侯庙位于平遥县城东北约 15 千米的郝洞村村北，东与镇国寺紧邻，是奉祀春秋时晋国大夫狐突的庙宇，始建年代不详，金代泰和六年（1206）、元代至元二十九年（1292）修葺，2006 年被列为第六批全国重点文物保护单位。

狐突是晋国大夫、晋文公重耳的外祖父，在重耳流亡期间，派二子狐毛、狐偃追随保护，为此被晋怀公杀害，后晋文公感念外祖父忠义，将其重新隆重安葬。宋宣和五年(1123),宋徽宗封狐突为“护国利应侯”。

庙址占地逾2330平方米,原有大殿、配殿、厢房、戏台及钟楼、鼓楼和山门，现仅存建在约 1 米高台基上、占地 80 多平方米的大殿，为元代遗构。

利应侯庙外景

大殿内共有彩塑 9 尊，为元代造型风格。沿北山墙立神台，有高大坐像 3 尊，利应侯像居中，其夫人及其女狐姬（晋文公重耳生母）端坐其左右。利应侯面相饱满丰润，颈佩项环，腰系玉带，足蹬云头履，双手伏于两膝，整体正气凛然。夫人像两鬓斑白，典雅庄重。其女头裹巾帕，樱唇紧闭，着装样式与母似，色调明显偏年轻。两侍女立像居神台两隅，与主像相对，似在倾听和回应主人。台下两侧各有二侍臣，皆面相莹润，作谦恭状。此外，东、西、北三面墙上满布五彩壁画，为清代增补，题材为书阁、花卉及书法。

旅游指南

- **交通：**从镇国寺步行约 12 米即到
- **门票：**免费（参观须征得同意）
- **开放时间：**全天

天王殿外观

【平遥县】

双林寺

SHUANGLIN TEMPLE

双林寺位于平遥县城西南桥头村，原名“中都寺”，北宋改为今名。双林寺的始建年代不详，已知最早的一次维修在北齐武平二年（571），后经过明清多次大规模重建、重修，成为如今的格局。中轴线上有三进院十座殿宇：前院是释迦殿、罗汉殿、武圣殿、土地殿、阎罗殿和天王殿;中院是大雄宝殿和东西厢千佛殿、菩萨殿；后院是佛母殿（娘娘殿）。其中分布于寺内各殿宇的元明彩塑共有 2000 余尊，其保存之完好、数量之集中为国内罕见，十分珍贵，双林寺因此赢得了“亚洲塑像博物馆”之称誉。作为世界文化遗产平遥古城的一部分，1988 年，双林寺被列为第三批全国重点文物保护单位。

天王殿前廊金刚

天王殿西方广目天王塑像

释迦殿佛传故事《太子掷象过城》塑像

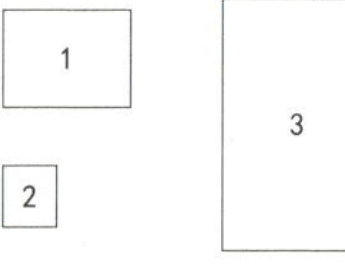

1. 释迦殿佛传故事《太子游东门》塑像
2. 释迦殿释迦牟尼佛塑像
3. 罗汉殿瘦罗汉塑像

双林寺外有高耸的围墙，远看仿佛小城堡。进入山门，面前是天王殿，面阔五间、进深三间，明檐下竖匾上书“天竺胜境”，屋脊正中琉璃宝顶上有明弘治十二年（1499）重修题记。天王殿廊檐下四大金刚，每尊高约 3 米，一字排开。写实手法让它们有了人间武士的外形，肌肉丰满，动感十足。天王殿内，弥勒菩萨居中坐，帝释、梵天侍立左右。南墙倒座四大天王手持兵器，不怒自威。

穿过天王殿，北面的释迦殿及两厢的罗汉殿、武圣殿、阎罗殿和土地殿组成第一进院落。释迦殿是主殿，正中匾额书“灵鹫遗风”。屋顶满布灰瓦，质朴简洁。殿内释迦牟尼居中，左右胁侍文殊、普贤菩萨。殿内四壁用圆雕、浮雕手法，分层组合、连环壁塑，题材为佛传故事，内容从摩耶夫人夜梦吉祥、乘象投胎、腋下生子到双林入灭、金棺自举和建舍利塔，总共 48 幅，各类自然景观、人文建筑布列其间，山川秀丽，殿阁精巧，人物传神。现存同类型作品中，能如此完整地再现释迦应化事迹的尚属孤例。大殿内的

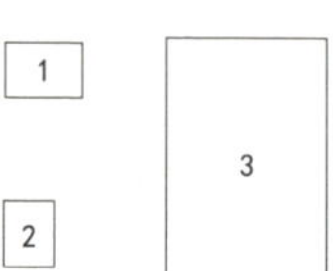

1. 罗汉殿十八罗汉之四尊
2. 地藏殿地藏菩萨与道明
3. 千佛殿水月观音菩萨与韦驮

200多尊人物塑像身份不同、神态各异，三面墙壁上的雕塑和细节无一不让人赞叹。扇面墙后的渡海观音是双林寺彩塑中的精华之一，画面动静结合，美不胜收。只见海面波涛汹涌，观音单腿坐在红色莲瓣上，泰然自若，目空一切，任身后飘带迎风摆动。

观音殿内塑十八罗汉朝观音，塑像高度皆与真人身高相近，比例适中，个性十足。虽塑于明代，但造型技法传承宋元风韵，形象近于写实的佛门高僧，或肥硕，或消瘦，或开怀畅谈，或双目凝视……神态各异，姿势健美，自然真切，无一雷同，实为上乘之作。

第二进院是大雄宝殿和东西厢千佛、菩萨殿。大雄宝殿明初重建，是全寺最高大的建筑，单檐歇山顶。殿内主像是三身佛，两侧是文殊、普贤坐像。

东侧千佛殿，悬山式，面宽七间。殿内彩塑百余尊，占全寺的四分之一。双林寺最令人称道的作品就在此殿。主像自在观音，面相恬静，姿态舒畅自然，是少见的观音形象，看人物动作和劳作的妇女没什么两样。左右是韦驮和夜叉立像。这尊韦驮被雕塑家钱绍武先生誉为“全国韦驮之冠”：他右手握拳，挺胸侧立，重心放在左腿，躯干和头颈的扭转和位移超出了人体的极限，但是整座塑像毫无造作、别扭之感。虽然塑像为静立状，但是从头到脚贯穿的“S”形曲线以及飞舞的衣带，都让人感觉到强大的力度和动势，恰到好处地展现了一位生活中的将军形象。在很多美术史教材中，这

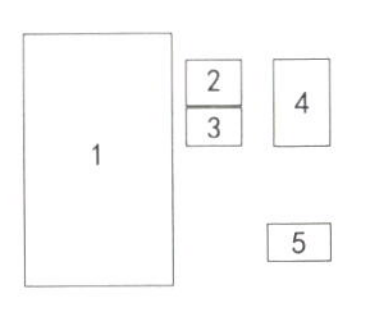

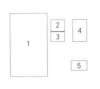

1. 千佛殿韦驮塑像
2-3. 精美的悬塑
4. 菩萨殿千臂千眼观音
5. 佛母殿侍从塑像

尊韦驮都被作为古代杰出彩塑作品的典范，双林寺也因此成为各大美术院校学生实习临摹的基地。殿内四周密布悬塑和壁塑，五百菩萨分五至六层排列，姿态万千，与主像浑然一体。窗台和门两侧还有几十位供养人像，造型写实。

菩萨殿与千佛殿相对，主像千手千眼观音端庄大方，好像我们身边的一位美丽少妇。四周悬塑400多尊菩萨在彩云之上，正在行进，观者好似进入佛教世界的环幕影院，迷失在佛的天国里，不禁令人赞叹当年工匠们的完美构思和精心制作。千佛殿、菩萨殿的外檐墙上还残留少量明代壁画，描绘的是供养菩萨，有考证说是明天顺五年（1461）的作品。

佛母殿是中轴线上最后一座建筑，建于明正德年间（1506—1521），虽然殿宇偏僻，但香火之盛冠盖全寺。殿内后墙塑送子娘娘5尊，两山墙各塑乳母娘娘1尊。送子娘娘分工明确：东尊娘娘送男，东侧求子的男性供养人抱背着4个娃娃；西尊娘娘送女，西侧求子的女性供养人怀抱1个娃娃。这也符合儒家男左女右的礼制。北墙上原有明代壁画，现在漫漶不清，不过窗棂上方的两幅《送子图》十分有趣，值得关注。

旅游指南

交通：从太原南站坐火车到平遥古城站，打车或乘公交车至双林寺站下车，步行200多米即到

门票：28元

开放时间：8:00 ~ 19:00（夏季）
8:00 ~ 17:30（冬季）

【平遥县】

文庙

CONFUCIUS TEMPLE

平遥文庙由三组建筑组合而成。中央为文庙，左为东学，右为西学。文庙的大成殿始建年代不详，重建于金大定三年(1163),是国内现存最早的文庙建筑，2001年被列为第五批全国重点文物保护单位。

文庙前有三座牌坊，现存四进院落，中轴线上有棂星门、大成门、大成殿、明伦堂、敬一亭、尊经阁等建筑。主入口是气势恢宏的棂星门，跨入棂星门，是文庙的第一进院落。院中泮池为文庙的象征性建筑。棂星门内是大成门，名宦祠、乡贤祠两配殿分列东西，斋宿所、更衣厅、神厨、神库是祭孔时供祭祀者更衣、斋戒、沐浴和制作、存放祭品、祭器之所。大成门联系贯通第一、二进院，亦称“戟门”，是文庙中的重要建筑。

第二进院大成殿是文庙主殿。大成殿殿宇高大，气势雄伟，单檐歇山顶。面阔五间、进深五间，平面近方形，建在高1米的砖砌台基上，前有宽广的月台，周围有石栏。大成殿的平面布局、用柱

于法、斗拱梁架结构及歇山出际形式等反映了古建筑的高超水准，具有很高的历史、艺术和科学价值，其也是中国历史上最悠久的文庙大殿。大殿正脊两端2米多高的琉璃鸱吻造型华丽，光泽夺目。殿内祀“孔子”“四配”“十哲”，后墙上绘《孔子圣迹图》，把孔子一生主要活动以壁画形式展现了出来。

大成殿后依次是明伦堂、敬一亭、尊经阁，功用为明礼教化、祭天法祖、藏书授业。尊经阁两侧为《中国科举展》，展览分科举由来和沿革、院试、乡试、会试与殿试等部分，展出了大量极具文物价值的文献、史料等。

1. 大成殿外景
2. 尊经阁
3. 龙门及明伦堂
4. 棂星门上的鸱吻及柱头

旅游指南

交通：在县城打车或乘公交车可直达平遥古城，抵达后步行前往即可

门票：100元（套票，包括平遥古城内古城墙、日升昌、县衙、清虚观、城隍庙、百川通、协同庆、天吉祥、雷履泰故居、商会、同兴公、古民居、华北镖局、中国镖局、蔚盛长、汇武林、文庙、报馆、蔚泰厚等20余个景点）。

开放时间：8:00～18:30（夏季）
8:00～17:30（冬季）

石马寺外景

旅游指南

交通： 从阳泉客运站乘到昔阳县的班车即可。县城公共交通班次少，建议自驾或打车前往

门票： 48 元

开放时间：
8:00 ~ 19:00（夏季）
8:00 ~ 18:00（冬季）

【昔阳县】

石马寺石窟

GROTTOES AT SHIMA TEMPLE

石马寺石窟位于昔阳县西南 15 千米的石马村，是一处石刻造像和寺庙建筑相结合的古迹。寺院始建于北魏永熙三年（534）。这里原是一处规模不大的摩崖造像群，后人依像造屋，建筑殿宇楼阁，逐渐成为佛寺。石马寺宋时名为寿圣寺，因寺前有一对石马，俗称石马寺，后经元、明、清历代扩建，规模日渐扩大，2013 年被列为第七批全国重点文物保护单位。

寺内石刻造像分布在 3 块巨石的 7 个崖面上，共有 3 窟、178 个佛龛、1300 多尊造像，大的有 5 米高，小的仅 5 厘米高，高 1 米以上的 66 尊。其中魏齐造像约占 70%，其余为隋唐作品。其造型古朴，形式和云冈、龙门石窟造像有异曲同工之妙。

释迦牟尼佛造像

石窟造像以佛、力士、菩萨和供养人为主，其肉髻磨光，面相清癯，宽衣博带，肩胛狭窄。最有代表性的是 5.2 米高的大佛，面相方圆，螺发高髻，着褒衣博带式袈裟，裙裾外摆，衣褶稠密，线条流畅，给人宁静、睿智的感觉，是石马寺早期造像精品。隋唐时期作品以弥陀、观音、十六罗汉为多，面部造型比较丰满，佛肩披袈裟，菩萨头戴高冠，腰束裙带，披帛垂肩。

石窟寺的造像技艺精湛、手法娴熟，值得游客远途前去欣赏。

大院屋顶

【祁县】

乔家大院

QIAO FAMILY COMPOUND

乔家大院位于祁县县城东北 12 千米处的东观镇乔家堡村，是清代著名晋商乔氏的家族宅院。大院始建于清乾隆年间（1736—1795），同治、光绪和民国初年多次增修，盛极一时。后来随着晋商的衰落而逐渐湮没无闻，直到 20 世纪余秋雨的散文提及乔家的商业故事、张艺谋导演的《大红灯笼高高挂》在此取景后，尘封许久的晋商大院火遍全国，成为海内外游客游览山西必不可少的一处人文景观。乔家大院于 2001 年被列为第五批全国重点文物保护单位。

屋顶烟囱

清朝中期，山西商人乔全美买下了乔家堡村十字路口东北角的几处宅地起楼建房，是为乔家大院的雏形。随着乔氏第三代乔致

福種瑯嬛
古風

着的商务拓展和家业扩大，大院的规模也日益雄伟壮观。院落宅名为“在中堂”。大院的主人乔致庸因电视剧《乔家大院》的热播而为人熟知。“在中堂”便是取自乔致庸的名字，庸为中庸，取其不偏不倚、执两用中之意。现在乔家大院作为民俗博物馆，展出了乔家发展史、晋商发展史以及晋中民俗。展出的文物一部分是乔家原物，如乔家祖传的两件宝贝——九龙宫灯和犀牛望月镜，更多展品是管理部门为筹建民俗博物馆从民间征集而来的。

在中堂占地面积1万多平方米，其中建筑面积为4175平方米，共分6个大院、20个小院、313间房屋，院落建筑平面为双“喜”字形，属传统中式结构。宅院周围高墙围拢达十几米，上有女墙垛口。房顶上有140余个烟囱，形制各异。进入大门，是一条80米长的笔直石铺甬道，把6个大院分为南、北两部分。西尽头处是乔家祠堂，与大门遥相对应。大院有主楼4座，门楼、更楼、眺阁6座，各院之间的房顶上有过道相通，用于巡更护院。

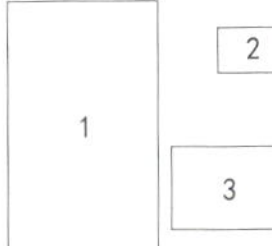

1. 大门
2. 明楼院侧影
3. 甬道，尽头是乔家祖祠

1. 垂花门楼
2. 福德祠砖雕照壁
3. 精美砖雕
4. 挑厦门楼

乔家大院北部的 3 个大院从东往西依次是东北院（筒
院，亦称老院）、西北院（明楼院）、书房院（花园）；南部
个大院从东往西依次为东南院、西南院、新院。南北 6 个
院的名称也表明了乔家大院各个院落的建筑顺序。

东北院建筑时间最早，为三进五连环套院。正房二层
硬山顶，面阔五间，有明柱木雕入户门楼，是乔家招待客
和祭祀祖先的地方。其偏院是厨房和饭厅，外偏院则为私
院；西北院与东北院结构相同，正房二楼为明楼，全木雕
隔扇门，木雕雀替、砖雕扶栏精湛和细腻的工艺让人惊叹
明楼院典雅富贵，是乔家大院的精华；书房院院落宽阔，
部现建有花园，可供游人小憩；南部 3 个院子均为二进双
四合院；新院为民国建筑，窗户采用欧式风格，采光较好。

乔家大院主次分明、尊卑有序，在一砖一瓦、一木一
上都体现了精湛的建筑技艺。南北 6 个大院内，砖雕、木刻
彩绘到处可见，每处都是别有洞天，细细看来，让人赏心悦目
回味无穷。如二院正门木雕有《八骏图》及《福、禄、寿
星图》（又叫《三星高照图》），二院二进门木雕有财神、喜神
其他木雕还有天官赐福、日升月恒、麒麟送子、招财进宝

1

2
3

1. 乔致庸会客厅展室
2. 电影《大红灯笼高高挂》中四姨太（巩俐饰）的卧室场景
3. 乔家私塾展室

和合二仙等。

大院内的砖雕工艺题材非常广泛，有壁雕、脊雕
屏雕、扶栏雕。壁雕有寓意九路通顺的《九鹿图》，
表示蔓长多子、富贵不断的《葡萄百子图》，有显示
情的《博古图》等。扶栏雕有喜鹊登梅、夔龙腾空、
萄百子、鹭鸶戏莲、麻雀戏菊……砖雕内容之多之丰富
不胜枚举。

大院内保存了很多牌匾，其中 4 块最有价值：明
清初山西名士傅山亲笔题的“丹枫阁”匾；李鸿章亲
书写的“仁周义溥”匾；山西巡抚丁宝铨受慈禧太后面
送的“福种琅嬛”匾；1927 年祁县昌源河东三十六村
给乔映奎的“身备六行”匾。

旅游指南

交通：从太原建南汽车站乘到祁县的长途汽车，提前告知司机途经乔家大院时下车即可

门票：115 元

开放时间：8:30 ~ 18:00（冬季）
8:30 ~ 18:30（夏季）

【太谷区】

曹家大院

CAO FAMILY COMPOUND

曹家大院位于太谷县城西南的北洸村，是晋商巨贾太谷曹氏家族的住宅建筑群。

明末清初，太谷曹氏在东北朝阳经商发达，开始在老家大兴土木，至清朝末年，陆续在北洸村西北角建起 18 个深宅大院。其中，仅家眷所居就有福、禄、寿、喜四座大院，以“寿”字院规模最大，至今保存完好。

现存寿字院为曹氏五门三多堂居所，占地 1.06 万平方米，由正门、甬道、戏台院、西门院、东门院、账房院、厨房院、内宅院等建筑组成。整个建筑群由一条东西向的石板路分为外院、内宅，共计有小院 15 个，房舍 288 间。

三多堂大院虽仅是曹氏民居群落的一个堂，但规模浩大，街道开阔，庭院幽深。大院内部功能齐全，有生活、家族祭祀、教育文化、供应和安保等各类设施，是晋商庄园式民居建筑的典型代表，2006

旅游指南

交通：从太原坐火车到太谷东站，打车或乘公交车可直达

门票：45 元

开放时间：
8:30 ~ 18:30（夏季）
9:00 ~ 17:00（冬季）

1–2. 三多堂正门（南门）

东西向甬道将大院分成南北两部分

三多堂

年被列为第六批全国重点文物保护单位。

太谷北洸村曹家，祖籍太原县花塔村。明洪武年间（1368—1398），始祖曹邦彦举家迁至太谷北洸村。历十三代均以种地为生。明末，曹氏十四世孙曹三喜因生活困难，独闯关东朝阳谋生，先做佣工，后来租地耕种。曹三喜站稳脚跟后，利用当地盛产的廉价黄豆开设豆腐坊、用豆腐渣养猪，稍有积蓄后，开设了烧锅作坊、杂货铺。

清康熙初年，曹三喜的生意由朝阳逐渐扩展到赤峰、四平、八沟等地。在赤峰最多开设有 14 个商号，并投资了钱庄、当铺等。

乾隆中期，曹家已成为名震东北和山西的商业大家族。嘉庆八年（1803），曹家兄弟分家析产。分家后的曹家运用股份制形式，每门出资白银 10 万两，集股合营，组成专门的经营机构“六德公”。经营人即“专东”由众兄弟合议推选。咸丰、同治年间，曹家所涉行业十几个。同时，他们开辟恰克图、库伦商路，参与对蒙俄的贸易。

从道光后，曹家以“三多”堂号（多子、多福、多寿）闻名商界。

光绪中期，曹家商业进入极盛时期。共有商号 640 余个，总资产 1200 余万两白银，商号遍及大半个中国，并远涉俄国、英国、德国、朝鲜、日本等国家。

从清末起，因政局动荡，曹家商业逐步走向衰败。只有极少数残存的商号勉强维持至中华人民共和国成立初，参与公私合营。

近年，管理部门利用三多堂的空间开设展厅，现有曹家经商史、明清家具展、赵铁山真迹展等展览及珍宝馆。在这里可以看到不少价值不菲的老物件。曹家人喜欢新鲜事物，山西历史上第一台发电机、第一辆汽车都落户曹家。曹家还喜欢收藏，三多堂里现在所见物品，一部分是曹家原物，另一部分是文物部门征集的。现在的三多堂博物馆收藏有 400 多件明清家具、2000 多件瓷器，其中珍品有翡翠烧鸡、翡翠羽毛镜、慈禧太后所赐金火车头等。

【太谷区】

净信寺

JINGXIN TEMPLE

1. 寺院内景
2. 戏楼
3. 地藏殿判官塑像
4. 娘娘殿侍女塑像
5. 大雄宝殿毗卢遮那佛与观世音、大势至菩萨塑像

旅游指南

交通：在县城打车或从火车站、汽车站乘公交车至阳邑村站下车步行即到

门票：免费（参观需征得同意）

开放时间：全天

净信寺位于太谷区阳邑乡阳邑村西南，据寺内碑记记载，其始建于唐代，历代重修、扩建，清道光年间（1821—1850）进行了最后一次大规模修缮、增建现在这组完整的明清建筑群就是那个时期留存下来的2006 年被列为第六批全国重点文物保护单位。

净信寺坐北朝南，宽 39 米、长 93 米，占地 362平方米，有两进院落。寺前立“福”字照壁，其后为山门兼倒座戏台。中轴线上自南向北是戏台、毗卢殿大雄宝殿。戏台现分前后台，是净信寺的重要建筑重建于清道光四年（1824）。前台为单檐歇山卷棚顶后台悬山顶，以孔雀蓝琉璃覆顶。檐下悬道光四年“神听和平”匾，由在内蒙古的晋商捐献，字为生铜铸造极其精美，保存完好。两侧八字形牌楼式影壁，单檐歇山顶，九踩重昂斗拱华丽纤巧。整个戏台装饰精致剔透、富丽堂皇，可见当年晋商为这些乡村寺院建设提供了雄厚的财力支持。钟楼、鼓楼檐下挂明代琉璃匾，黄底蓝字，上书“发鲸”“栖鹭”，笔法精彩，工艺精良，是琉璃佳品。前院东有看亭（两座）、白衣殿（娘娘殿）、灰泉殿、天王殿及对称而立的钟楼、鼓楼。后院东西厢是碑廊、观音殿、地藏殿。后殿两楼是关公殿承善祠。

寺中各殿内尚存完好彩塑 78 尊，均为明清作品

继承了宋元彩塑的优良传统，色彩朴实，层次清晰。特别是地藏殿和娘娘殿中的塑像非常值得一看——地藏殿中的闵公为清瘦睿智的长者相，道明则敦实可爱，不脱青春稚气；娘娘殿送子观音一袭白衣端坐，双手扶持穿着红肚兜小娃的胳膊，为信众送子。特别是两位哺乳娘娘塑像风格大胆，突破陈规，是明代以来宗教世俗化倾向的生动反映。

【灵石县】

资寿寺

ZISHOU TEMPLE

资寿寺位于灵石县静升镇苏溪村，俗称苏溪寺，是一座以佛教为主、道教为辅的综合性寺庙，始建于唐，现存建筑均为明代所建。2001 年，资寿寺被列为第五批全国重点文物保护单位。

资寿寺坐北朝南，共三进院，沿中轴线依次是山门、仪门、金刚殿、天王殿、大雄宝殿等。寺内珍宝有“三绝”：彩塑、壁画、藻井。

天王殿精美的琉璃屋脊，远看飞阁流丹，精彩异常。它是由明人乔志旻、乔石兰等于明嘉靖三年（1524）烧造的，堪称珍品。殿额是傅山所书“山林野趣”四个黑底金字，铜浇铁铸，雄伟挺拔

旅游指南

- **交通**：从太原、晋中乘火车到灵石县城，再打车或乘公交车到苏溪村口站下车步行抵达
- **门票**：15 元
- **开放时间**：暂未对外开放

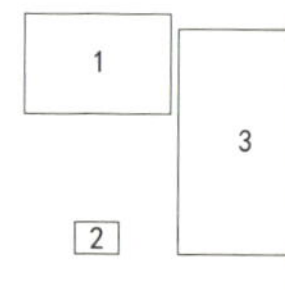

1. 山门　2. 第二道山门
3. 东方持国天王塑像

1. 三大士殿十八罗汉之一
2. 大雄宝殿
3. 大雄宝殿西壁南侧东方持国天王、南方增长天王、大梵天、帝释天等护法神壁画

殿内四尊天王像身高 3 米，造型魁梧逼真。后面的竖三世佛殿、二郎殿、阿弥陀佛殿、弥勒佛殿内均为明代塑像，保存完好。大殿内墙上有壁画，为明清时期所绘。

后院正中的平台上是主殿大雄雷音宝殿，门额悬“万德巍巍”横匾一块，殿内是三身佛塑像，面相微短，肌肤圆润，具有明塑的端庄姿态。雷音宝殿和东、西朵殿（水陆殿和药师殿）均有明清壁画。

寺内最引人注目的彩塑在后院正中大雄宝殿东侧的三大士殿内。主位上是观音、文殊和普贤三菩萨，左右两侧是十八罗汉。塑像神情细腻，体态自然，似从真人模本而来，为明代佳品。1993 年，此堂罗汉头像被盗至海外，中国台湾商人陈永泰花费巨资购回并捐赠给资寿寺，1999 年得以安放回原身。这段失而复得的佳话在当年轰动一时。

资寿寺的药师殿顶部藻井结构巧妙，非常值得一观。

红门堡

【灵石县】

王家大院

WANG FAMILY COMPOUND

王家大院位于灵石县城东 12 千米处的静升镇，由王氏家族经明清两朝、历 300 余年修建而成。拥有“五巷”“五堡”“五祠堂”，总面积达 25 万平方米，房屋 1000 多间，号称“民间故宫”。王家大院是明清民居建筑集大成者，2006 年被列为第六批全国重点文物保护单位。

据王家史料记载，大院初建时为迎合天机，按照龙、凤、虎、龟、麟五种瑞相修建了五座堡，在静升村“九沟八堡十八巷”的版图上，占据了五沟五堡五条巷。如今，红门堡作为中华王氏博物馆，高家崖堡作为中国民居艺术博物馆，与王氏宗祠三组建筑群一起对外开放，总面积是整个王家大院的四分之一。

高家崖大门

王家大院堪称三雕（砖雕、石雕、木雕）建筑装饰博物馆，照壁、窗棂、门额、门槛等，无不进行精雕细刻和装饰。中国传统的吉祥花草、珍禽瑞兽、历史典故等在古代匠人的手中，定格成一幅幅或抒发情怀、或寄托希望、或勉励自身、或训诫后辈的浮雕画。

王家大院的楹联匾额，与璀璨夺目

的“三雕”一样，是装饰艺术的又一特色。在大院里，凡堂必有楹联，凡门户必有匾额，由此增添了宅院的儒雅之气，赋予院落特有的神韵。

王氏宗祠位于红门堡外东南方向，其中，孝义坊建于清乾隆五十一年（1786）；孝义祠建于嘉庆元年（1796），分上、下两层，楼上为祭祖堂、戏台，楼下为王家宗祠。

灵石王家，始祖王实以佃耕为主，冬春农闲时兼做豆腐。经过十多年积累，始置薄田数亩，变佃农为自耕农。

王家从第三世起，发展为以农为主，兼营工商小业的家户。康熙年间，王家第十四世王谦和、王谦受抓住机遇，使家族生意走上快车道：康熙十二年（1673），陕甘一带发生兵变，平阳府（今临汾市）受命征集粮草军马等支援平叛。王谦和、王谦受得知这一信息后，将刚从蒙古购得的24匹良马日夜兼程送往平阳府衙。此举得知府嘉许，王家遂取得为官府采购军需物资的生意。此役，王家因支援平叛有功，受到康熙褒扬，由此成为显赫的官商。康熙六十一年（1722），70多岁的王谦受还应邀参加康熙的“千叟大宴”，并得到御赐龙头拐杖一把（一直供奉于王氏家祠，“文化大革命”中被毁）。乾隆年间，王家一边进行粮食、马匹、丝绸、杂货的贸易，一边向利润丰厚的盐、茶专卖转移。

灵石王家的商业帝国在二十一世王鸿渐时期达到顶峰。道光年间（1821—1850），王鸿渐为两淮盐商提供借贷，换取盐商一定份额的经营权。后来，王鸿渐谋到两淮候补盐运使之肥缺，取得签发“盐引”之权，由此灵石王家在盐业专卖中大获其利。此一时期，王家商号遍布山西、河北、北京、天津、四川、两淮等地，其家族中五品以下官员（多任职盐课司提举、粮马道同知等经济岗位）达数十人。

咸丰三年（1853），太平军攻陷扬州，王鸿渐被杀，两淮糜烂，王氏商业帝国轰然倒塌，灵石王氏从此走向衰落。

旅游指南

交通：坐火车到灵石站下车后，打车或乘公交车可直达

门票：55元

开放时间：8:00～17:10

宅院内景

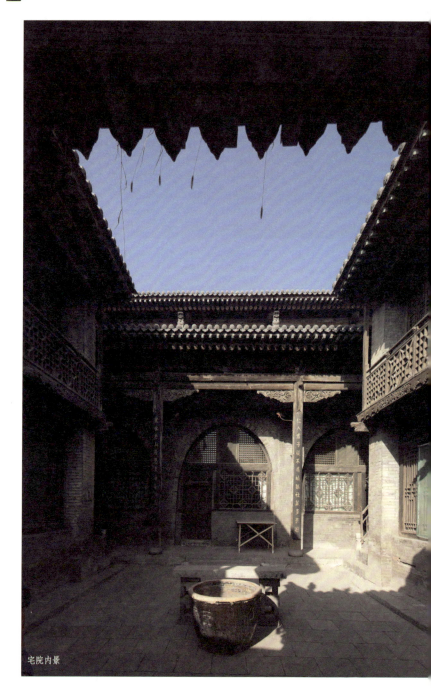

【介休市】

张壁古堡

ZHANGBI ANCIENT FORTRESS

张壁古堡位于介休市东南绵山北峰天峻山麓。这座奇异、精致的“城堡”，集中了地道、墓葬、戏台、民居等类型文物古迹，于2006年被列为第六批全国重点文物保护单位。

古堡南高北低，从堡北向下俯视，左、中、右各有一条深沟向下延伸；堡南则有三条向外的通道；堡西为窑弯沟，峭壁陡坡，深达数十丈；堡东居高临下，有沟堑阻隔，“易守难攻，退进有路”。堡墙用土夯筑而成，高约10米。堡有南、北二门，中间是一条长300米的街道“龙脊街”。街东3条小巷，街西4条小巷，由街中向上延伸。北堡门筑有瓮城，南堡门用石块砌成。

堡内现有30余座保存完好的院落，民居与堡墙有一定距离。街道两侧是典雅的店铺和古朴的民居，西四巷大多为张、王、贾、靳几族富户，门楣考究，砖、木、石雕精美，多为“狮子滚绣球”“喜鹊登梅”“鹤鹿同春”等民间喜闻乐见的吉祥民俗内容。街巷格局严整，保有隋唐“里坊”遗存，龙脊街与小巷交叉的丁字巷口有巷门，关闭后里坊成为堡中之堡，既可各自为战，也可相互呼应，与古堡一起，形成完整的防御体系。

在不大的小城内，有8处寺庙，分别是：关

旅游指南

交通：从太原、晋中坐火车到介休市，再打车或在市内公交停车场乘公交车到张壁古堡站下车即到

门票：60元（3月—10月）
50元（11月—次年2月）

开放时间：8:00 ~ 18:00（旺季）
8:00 ~ 17:00（淡季）

1

2

1. 北门庙宇群、北门瓮城
2. 空王佛行宫外景

帝庙、真武庙、二郎庙、空王佛行宫、兴隆寺、地藏王菩萨殿、吕祖阁遗址。真武庙和空王佛行宫琉璃廊下两块琉璃碑国内仅见，通体琉璃烧造，孔雀蓝底，黑字书写，碑额为青、黄、绿二龙戏珠，两边蓝黑龙纹花卉装饰图案。东侧一通记述了空王佛修炼成佛的艰苦历程，西侧一通记载空王佛行宫修建缘起。

张壁古堡闻名海内外的是其谜一般的古地道。长达3000米、上下3层攻防兼备的古地道呈网状分布,堡外北、南面沟中有洞口，既可作为进出口，又可用作哨卡。地道内既有水井、粮仓、将军洞、屯兵洞、灯台、马厩、马槽等一应生活所需设施与空间，又有陷阱、伏击坑、射箭坑、淹水道等攻击设计,还有通讯道排水道口、逃跑出口，遇水可排，遇毒可防，灵活多变。地道层层叠加，恍若迷宫，机关遍布，令人防不胜防。古堡内地道口有可汗祠，和地道一样，其来历也是一个谜团。有人说这位可汗是唐初的刘武周。好在张壁村人清醒，可汗祠门口的介绍牌上只写“民间传说可汗是刘武周”。这曲折的地道建于何时，至今也没有任何文献记载和口述资料可考。

古堡内的古地道

戏台

【介休市】

后土庙

HOUTU TEMPLE

旅游指南

交通：在介休火车站门口可乘公交车直达后土庙

门票：免费

开放时间：8:30 ~ 17:30（周一闭馆）

琉璃影壁

后土庙位于介休市区庙底街，气势宏伟、庄严肃穆，为五进院落的全真派道教建筑群，沿中轴线主要建筑依次为影壁、山门、过殿、东西廊房、三清楼和钟楼、鼓楼及后大殿等。后土庙建筑规格极高，所有建筑均装饰精致的琉璃，殿顶满覆黄色琉璃瓦。寺庙现存建筑、雕塑等以明清时代的为主，2001 年被列为第五批全国重点文物保护单位。

后土庙中轴线上的第一座建筑是三清观影壁，顶部壁心和四角是精美的琉璃制品，壁心所描绘的是“麒麟闹八宝”，影壁正脊是一道装饰精美的龙凤大花脊，中间为仙山楼阁并间以牡丹、莲花点缀掩映，璀璨夺目。影壁壁心麒麟的周围从左到右

天王殿四大护法神之一塑像

三清殿玉女塑像

天王殿四大护法神之一塑像

依次环绕着吊钱、元宝、双菱、海螺、珊瑚、如意、双圈、犀角杯等 8 样稀世珍宝，麒麟头部饰有太阳和云彩，象征光明、永恒和吉祥。

山门即天王殿，门两侧四大金刚威武雄健。山门以内正向为过殿，也称戟门，正面悬匾“道教开天”，殿内塑像 4 尊，手执剑、戟等武器，凶神恶煞，是道教中的护法神。

由过殿经高台甬道正向为献亭，献亭以北是后土庙的主体建筑三清楼。三重檐十字歇山顶，鸱吻高耸，狮饰、琉璃楼阁、莲花脊筒、兽头、角神相互辉映，生动壮观，精彩绝伦。三清楼下层是三清正殿，其东西配殿内保存着 800 余尊明代彩塑神像，为道教系统的各路神仙：有南极勾陈大帝、北极紫微大帝、东王公、西王母、九曜星君，二十八星宿……各路尊神分上、中、下三层，脚踏祥云，行进在朝拜三清的路途中。

三清殿全堂

峰寺外景

【介休市】

云峰寺

YUNFENG TEMPLE

坐落于介休市城东南20千米处的绵山，因春秋晋国贤臣介之推被焚于此的传说而闻名，亦称“介山”，是朝拜祭奠介之推的发源地。绵山自然景观奇险，寺观成群，其中隐藏在山中巨岩——抱腹岩岩缝中的云峰寺，又名“抱腹寺”，是香火旺盛的寺庙之一。据寺下的《大唐汾州抱腹寺碑》记载，该寺为魏明帝（204—239）诏建，宋、元、明、清历代均有修葺，由空王殿、千佛殿、介公祠、五龙殿、明王殿、马鸣殿、罗汉堂、眼光菩萨殿、僧房及客舍等近百间建筑组成。寺内保存了历代精美彩塑70余尊，其中极为罕见的重要历史文物——包骨真身像（以肉身为胎制成的彩塑）就有三尊。

明王殿塑像

全寺建筑顺岩势而筑，高低错落，朝向不一，分布在上下两层，由悬空栈道连通。下层以空王佛殿为中心，南布药师、弥勒、观音诸殿；北置弥陀殿、介公祠，多为 1995 年至 1998 年复建；上层悬空建筑是寺内最古老的建筑——石佛殿，现存为明代遗构。2013 年，云峰寺石佛殿被列为第七批全国重点文物保护单位。

石佛殿创建于北魏太和年间（477—499），是众多寺观中最能体现绵山佛教文化的一座古佛殿，为单檐歇山顶石木混合建筑，面宽三间，进深一间，两山与后檐由石墙包砌，其横梁、斗拱、椽枋、门框等构件均由石头雕琢。殿内正中供奉空王佛像，左为普贤菩萨，右为文殊菩萨，皆为泥塑金身坐像，二菩萨两侧分别有摩斯、银空二弟子及绵山二龙王、五龙王。最值得一提的是，殿内的空王佛塑像乃唐代高僧——田志超坐化后的包骨真身像，塑像面部丰满圆润，颇具唐风，乃云峰寺三绝之一，另两绝是抱腹岩挂铃和攀岩险道铁索岭。

1. 大罗宫静坐罗汉塑像
2. 正果殿包骨真身像

旅游指南

交通：坐火车到介休站后，打车或乘公交车到绵山风景区即可

门票：110 元（4 月 1 日—10 月 31 日）
90 元（11 月 1 日—次年 3 月 31 日）

开放时间：
8:00 ~ 19:30（4 月 1 日—10 月 31 日）
8:30 ~ 18:00（11 月 1 日—次年 3 月 31 日）

吕梁

汾阳市太符观 | 汾阳市后土圣母庙 | 汾阳市汾酒老作坊 | 离石区安国寺
临县碛口古镇 | 文水县则天庙

吕梁侧卧吕梁山脉，千峰百嶂；头枕九曲黄河，沟壑纵横。典型的黄土高原地貌，铸造了生活在这片土地上的人们坚强、忍耐、耿直的品格，也培养出了一批批改变中国历史的英雄好汉。巍峨险峻的高山、奔腾汹涌的河水，孕育了吕梁独特的文化气质，一代代努力不懈的吕梁人为子孙留下了丰厚的文化遗产。这里不仅有完璧归赵的蔺相如、中国历史上唯一的女皇帝武则天、北宋著名将领狄青等人中之杰，还有汾酒圣地——杏花村、“三晋第一名山”——北武当山、马家畔的“黄河第一湾”、碛口古建筑群、孝义皮影戏等游览与欣赏价值颇高的风景名胜和古遗珍宝。吕梁市现有全国重点文物保护单位 39 处，卦山名刹天宁寺，典藏金代、明代彩塑、壁画的名观——太符观，立于绝壁千仞的安国寺，祭祀武则天的则天庙等，以其各自的底蕴组成了吕梁地区灿烂的文物星空。

【汾阳市】

太符观

TAIFU TAOIST TEMPLE

牌坊式山门

太符观在汾阳市杏花村东北方的上庙村，始建年代不晚于金承安五年（1200），元、明、清时期屡有修葺，由山门、重修恢复的窑式建筑马王殿和关帝殿，以及原汁原味的古代殿宇昊天玉皇上帝殿（正殿）、圣母殿（东配殿）、五岳殿（西配殿）构成。因其精美的金代、明代塑像和明代壁画，2001年，太符观被列为第五批全国重点文物保护单位。

太符观的建筑格局有个有趣的地方：一般古建中正房的开间要多于配殿，这里却相反。主殿昊天玉皇上帝殿是三开间的单檐歇山顶，而东配殿圣母殿和西配殿五岳殿却均为五开间的悬山顶。

正殿昊天玉皇上帝殿居于观内正北台基上。大门是板门，门钉一般为奇数，最多9个，而这里的铸铁门钉却是一排10个，是为一奇。殿内塑像、壁画、悬塑俱全，玉皇大帝像居中，梁柱上四条威猛的蟠龙护卫，左右塑四臣子、二侍女。臣子中老者持重，中年自信，青年倜傥潇洒。侍女脸庞丰满，妆容淡雅，裙裾飘扬，宛若正碎步行走，自然生动。东西山墙和后墙上是道教壁画《三皇图》（燧人、伏羲、神农）和三百六十五日值日神君《朝元图》，共分134组，每组均有榜题。这些图中，这些神仙各司其职，每天巡视，然后及时向玉帝回禀。整个大殿的塑像、壁画构成了玉皇大帝的昊天世界。在正殿正立面外侧墙壁上镶嵌着一块石刻《太符观创建醮坛记》，记载了金承安五

旅游指南

交通：从太原坐火车到汾阳，在市区可乘公交车到永安村口后，步行约1千米，或到上庙村口，步行至村内即到

门票：20元

开放时间：全天

圣母殿奶母娘娘与侍者塑像

昊天玉皇上帝殿玉皇大帝右侧侍臣塑像

年（1200）兴建醮坛的过程。

东配殿是后土圣母殿，现建筑为明万历年间火灾后重建。殿前有廊，殿内供9尊后土圣母像。正中为圣母正身，其余8尊为分身，它们可佑护人生的不同阶段。如到了找对象的年纪，就可以求助婚配娘娘；结婚后希望早生贵子，可求助子孙娘娘；怀孕后为保胎，可求护佑娘娘；为求得顺利生产，就要祷告如意娘娘（接生婆）；生产后希望奶水充足，可求助奶母娘娘；怕孩子得斑疹，就要求助斑疹娘娘；孩子长大后需要开蒙，即去求助通颖娘娘；希望孩子各类考试都能拔头筹，那么就去求助智慧娘娘。诸娘娘中，奶母娘娘塑像最特别，其怀抱吃奶婴儿，一腿点地，一腿盘起，脚蹬典型的“三寸金莲”。圣母殿的南北两壁上是圣母出巡和圣母游归场面的悬塑，人物众多，前呼后应，很是热闹。在神龛后还有以圣母宫中生活为主题的壁画，有持琵琶、笙、响板等乐器正在演奏乐曲的乐伎，有捧着宝盒、典籍、食盒等物品的侍女，恭立在阶陛之下，而龛中的圣母背后画有屏风，与塑像合在一起，似正端坐大殿聆听仙乐，画面立体，生活色彩浓郁。

西配殿是五岳殿，和圣母殿格局类似。五岳殿居中供奉的是五岳大帝（即泰山、华山、嵩山、恒山、衡山五座名山之神），南北两侧是四渎神（即长江、黄河、淮河、济水四条大河之神）。祭祀岳、渎的作用还是在于祈求风调雨顺，只是将这些神主合并在一起比较少见。南北山墙上是五岳巡幸和四渎出行场面的悬塑。神仙们乘轿坐辇，坐骑是麒麟、龙，还有随从仪仗，很是气派。四根金柱上各有一条蟠龙，为红、黄、黑、白四色。

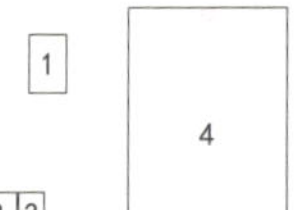

1. 五岳殿蟠龙柱
2. 五岳殿及后土圣母殿两侧山墙上的悬塑
3. 圣母殿后土圣母左侧《伎乐图》壁画
4. 圣母殿奶母娘娘塑像

【汾阳市】

后土圣母庙

HOUTU GODDESS TEMPLE

旅游指南

交通：没有公共交通可达，建议自驾、打车或包车前往

门票：免费

开放时间：暂不对外开放

1. 圣母殿东壁壁画《圣母迎驾出行图》
2. 大殿北壁西侧壁画《燕乐图》（宫女陪侍圣母）

后土圣母庙又名“后土庙”“娘娘庙”，庙址在汾阳市西北栗家庄乡田村，与田村小学紧邻，因主祀后土圣母得名。圣母庙的始建年代不详，当地传言建于唐代，明嘉靖二十八年（1549）重修，清代亦有增补修缮，2019 年被列为第八批全国重点文物保护单位。

圣母庙原为两进院落，结构完整，有拜殿、正殿、乐楼、东西配殿和钟楼、鼓楼，现仅存正殿及厢房。正殿圣母殿坐北朝南，面阔三间、进深二间，为单檐悬山顶，多彩琉璃瓦剪边并置有琉璃兽件、花卉等。殿内正间有木制神龛，半人高神台上，圣母塑像凤冠霞帔，龛内两侧还分置持花女立侍及执扇男立侍，皆为新塑。

圣母殿东、西山墙和北壁东、西次间绘有明

弋壁画。东壁为《圣母迎驾出行图》，苗绘护送和迎接圣母出宫巡幸场景。龙辇华美富丽，行龙流云贴金，更有5位乳母倚廊怀抱婴儿及侍吏驾车满载众多白胖婴儿等场景；西壁为《圣母回宫图》，苗绘圣母巡幸后回宫的场景。圣母着金冠朱裳，微侧脸居轿中似在倾听。其后则为一神将手执斧刃，绳牵罪妇，二女怀抱婴儿哀怜，一女裸露臂膊拱手求饶。龙辇前方有一华丽宫殿，宫女及众神皆乍迎候状，极力颂扬道教圣母的盛威母仪。东、西两壁人物组合巧妙，密疏变化有致，形象生动、衣饰飘逸，更令人向往。

北壁为《燕乐图》。作为主神塑像陪衬，分绘北壁东、西次间，每幅画面高约2.5米，宽近4.5米，为宫廷乐伎廊下演奏和侍女服侍等画面。画中亭台楼阁，松梧竹石，身姿秀美的乐伎或为圣母献艺或在切磋，演奏的乐器样式丰富，有琴、瑟、笙、笛、琵琶、二胡等。宫女捧茶、酒、镜、奁、香炉等物，形象刻画细腻，神态丰富。与东、西壁比较，北壁画面更显画工功力，其设色淡雅，流露出清新、活泼、祥和的格调。殿门廊下有神将神荼和郁垒，分执剑、鞭，威严神武，下半身略残损，上半身均保存完好。

圣母庙壁画工笔重彩，技法熟练，沥粉贴金，画工精细考究。其以朱红为主，色彩典雅清丽，人物众多，场面壮阔，亭台楼阁布局恰当，曲桥廊庑错落有致，画面热烈辉煌，在描绘神话故事的同时，亦流露出浓浓的世俗生活气息，为道教壁画佳品，对研究明代社会历史和绘画艺术有重要参照价值，圣母庙所供奉的是西王母（俗称王母娘娘），传说农历三月初三她会设蟠桃盛宴，故民间

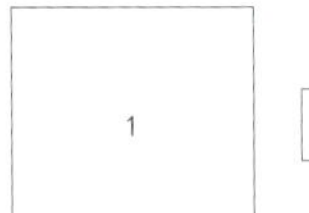

1.圣母殿西壁《圣母回宫图》壁画
2.《宫闱尚宝图》壁画

在这天举行朝庙大会，礼祀圣母，近郊男女老幼皆来朝拜，尤以求子者居多，热闹异常。从汾阳圣母庙还愿的小童婴数量看，庙内香火旺盛，祭祀隆重。圣母殿梁架上留有“庆成郡王府扶枋梁功德主芦大富”题字，此庙之建，得到明初庆成郡王府的大力资助和扶持，并雇用高级画工完成壁画。庆成郡王府在汾阳城立有二百余年，以多子多福成为佳话。

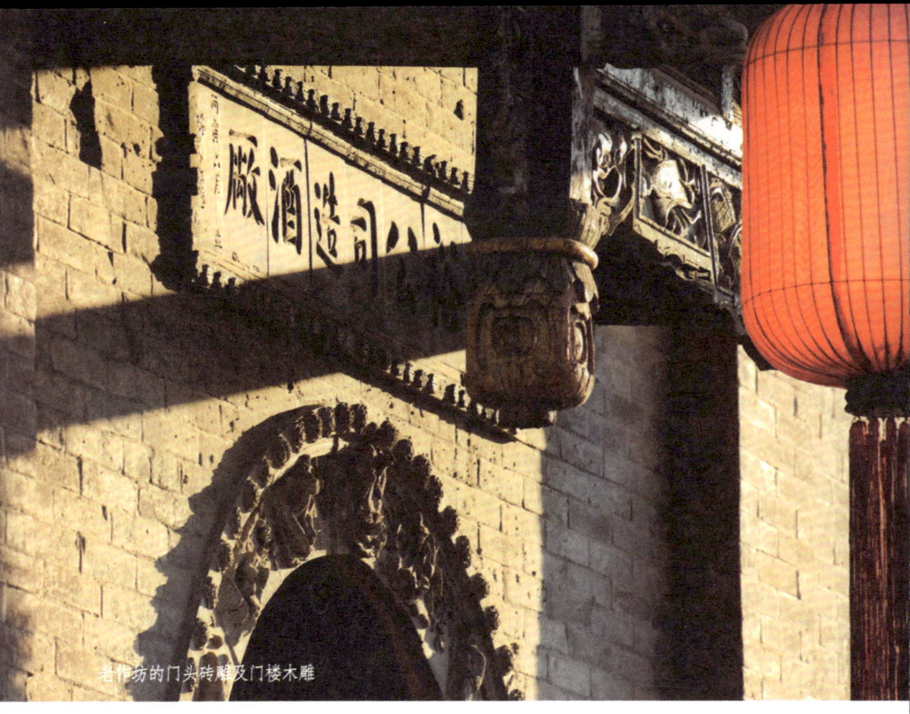
老作坊的门头砖雕及门楼木雕

【汾阳市】

汾酒老作坊

FENJIU OLD WORKSHOP

汾酒老作坊位于汾阳杏花村东堡芦家街，其古建筑群是义泉涌、晋裕公司时期的酿酒厂旧址。占地面积 9000 平方米，房屋 50 余间，分列街道两旁。南侧为杏花园，占地面积 2000 余平方米；北侧有宋代、元代古井各一口，明代申明亭一座，清代院落两座、作坊一座。此处是全国唯一现存并仍在使用的集酿酒、贮存、销售为一体的古代酿酒遗存。

老作坊往东 500 米的杏花村文化遗址，出土了大量包括小口尖底瓮在内的仰韶、商周时期的酒器、酒具，是目前国内发现最早的酿酒遗址。据文献记载，杏花村酿酒文化起始于魏晋代，扬名于北齐。《北齐书》载：“帝在晋阳，手敕之曰：‘吾饮汾清两杯，劝汝于邺酌两杯。’”皇帝高湛与河南王高孝瑜遥相对饮，足见成为宫廷御酒的汾酒，多招人喜欢。唐代时杏花村有 72 家作坊，宋时的“甘露堂”名满天下，老作坊内的

芦家街

申明亭

古井也出土过宋代文物。

汾酒历史上乃至中国酿酒史上许多重要事件也都发生在这里——中国最早的股份制酿酒企业、中国第一枚白酒商标诞生在这里；荣获巴拿马万国博览会甲等大奖章的汾酒产品，中华人民共和国成立前曾 9 次荣获大奖的汾酒产品，周总理参加万隆会议、日内瓦会议所用的礼品汾酒，都是这里生产出来的。

早在距今 6000 多年前的仰韶文化时期，杏花村先民就将蒸熟的谷物放进小口尖底瓮中，酿造出中国谷物酒的第一缕清香。隋唐时期，杏花村首创干涸酿造工艺，开启了中国酿酒业固态发酵的先河，开始将“使用酒曲、固态发酵、蒸馏提酒”

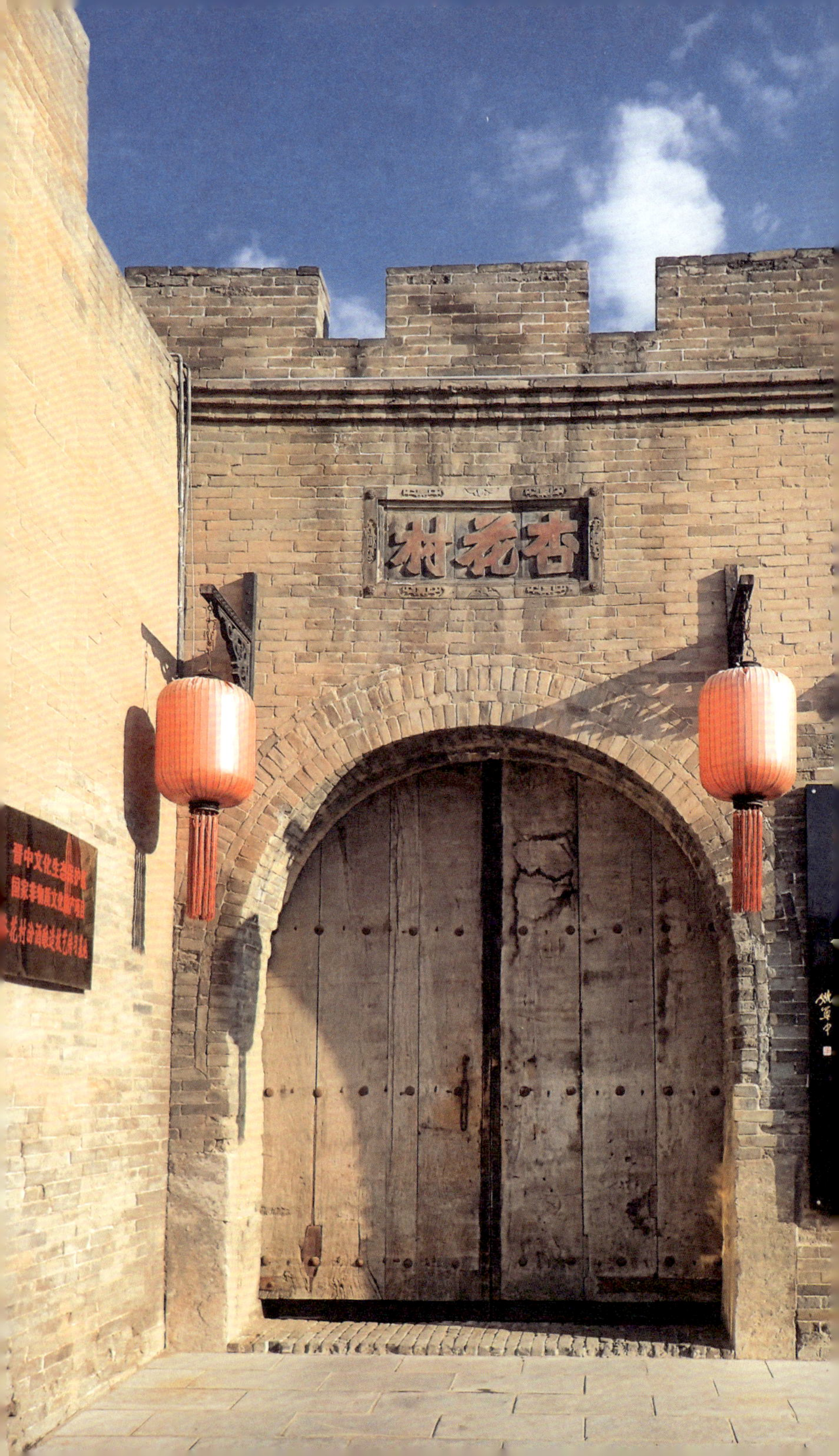
杏花村

旅游指南

交通：在汾阳火车站可乘专线或公交车，至汾酒厂二厂站下车后步行约 10 分钟即到

门票：42 元（汾酒文化景区）

开放时间：8:00 ~ 18:00（夏季）
8:00 ~ 17:30（冬季）

1. 老作坊东门
2. 老作坊全景
3. 古井亭
4. 门市部

大酿酒技艺综合运用，为中国白酒的基酿造工艺定型。金元时期，杏花村确立“清蒸二次清、固态地缸分离发酵”的造工艺标准。明清时期，杏花村酿造技在国内外广泛传播，衍生出了异彩纷呈中国白酒香型和酒类品牌，因而这里又称为“白酒祖庭”“国酒之源”。数千年，汾酒老作坊的酿酒技艺口传心授、师相教，成为中国白酒酿造技艺的活化石。

2006 年，汾酒老作坊被列为全国第批重点文物保护单位。

【离石区】

安国寺

ANGUO TEMPLE

安国寺位于吕梁离石区西 10 千米的乌
山麓，寺周围山峦耸立，群山环抱。据碑
所载，安国寺始建于唐贞观十一年（637），
名安吉寺，金兴定三年（1219）重建，后
经数次重修，至清渐成规模。寺院依山而建
院中有院，殿宇禅房相连，主院上下两层
偏院内外两进，共四处院落。2001 年，安

寺被列为第五批全国重点文物保护单位。

大雄宝殿为木构元代风格，是安国寺主体建筑。大殿外两侧照壁式墙脚下，各卧一石狮、角兽，其雕刻圆润、细腻，姿态活泼。殿内供三身佛，东、西两壁有60平方米的明代连环画式的佛传壁画，共计124幅，画面简洁，色彩艳丽。大雄宝殿对面是铜塔楼，为重檐歇山顶二层木构建筑，有木梯可攀登上楼（其下有暗室三间）；塔楼左右为钟楼、鼓楼。

东偏院又称“清静处”，楼下五孔砖窑为“于清端公祠”，楼上七间为关帝阁等。大殿后的禅院，环境幽雅，建有被康熙称为“天下第一廉吏”于成龙的读书楼。于成龙（今吕梁方山县人），曾在安国寺苦读6年，顺治十八年（1661）出仕，历任知县、知州、知府、道员、按察使、布政使、巡抚和总督等职。他严于律已，勤恳为民，政绩突出，深得康熙帝赞赏。逝于任上后，当地百姓罢市哭拜，康熙亲写碑文，赐祭葬，追官太子太保，谥号“清瑞”。于成龙书房很朴素，从里面可远眺苍翠欲滴、云雾缭绕的山峦。

寺后百米石崖下为莱公别墅，为于成龙之孙于准在天然形成的庞大石崖下修筑而成，上有千仞绝壁，悬崖飞瀑，遇雨天水帘垂挂，十分壮观。

旅游指南

交通：无公共交通直达，建议乘坐出租车或自驾前往

门票：免费

开放时间：9:00 ~ 17:00

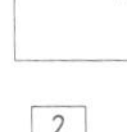

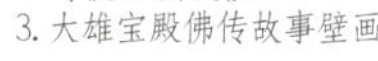

1. 远眺安国寺
2. 寺院西侧鼓楼
3. 大雄宝殿佛传故事壁画

【临县】

碛口古镇

QIKOU ANCIENT TOWN

碛口古镇位于吕梁临县县城南 50 千米处，背倚吕梁山脉，濒临黄河，是古代山西西北水陆交通枢纽和商贸重镇，素有“九曲黄河第一镇”之称。古镇街道号称“五里长街”,店铺鳞次栉比，现存永裕店、永顺店、天聚义、信义源等老商铺。民居建筑群主要保存在碛口镇上和西湾、高家坪、白家山、垣上、寨子山、李家山七处，有土木、砖石窑洞等多种结构形态。2006 年，碛口建筑群被列为第六批全国重点文物护单位。

碛口古代是军事要塞，凭借黄河运成为北方商贸重镇之一，西北各省批物资河运到碛口后，再转运到东部地，回程再把东部的物资转运至西北

黑龙庙内倒座戏台

口老街，大小街道都由青石铺就，街店铺林立，铺面或用砖石垒砌，或依而造，或逐窑而成，几百座大大小小窑洞构成一道别具特色的风景。

碛口的街巷和房子都在卧虎山下，落沿山坡逐层向上直到山腰的黑龙。有 13 条小巷串连到主街上，现在可以看到要冲巷和画市巷的铭牌和介。要冲巷在最北边的锦荣店和荣光店间，巷子口是座石拱门，似起过街楼作用。连通各巷子的黑龙庙由商人们资修造，意在祈福求安。山门两侧题“物阜民熙小都会，河声岳色大文章”对联，对碛口的描述十分到位。据庙内碑刻记载，民国初年碛口商号有 369 家，码头上往来船只每天有 150 余艘。从黑龙庙前的平台上，可望见黄河岸边整日商贾云集的红火场面，也可俯瞰黄河、湫水河交汇处的麒麟滩——滩上的小石

从碛口古镇眺望黄河

碛口西湾村

头如白色宝石一般。

湫水河上有一飞桥，过桥，绕过山头就是李家山村。村子里的坡度比碛口镇还要大，其地貌被形容为“两沟四面坡”。两条小沟壑向南延伸，与垂直于它们的一条山涧汇合后向西入黄河。过去的风水先生说李家山形似凤凰，夹在两沟之间的山峁为凤凰头，两沟外侧为凤翼。在不大的面积上，200 多户人家的石窑洞紧密挨在一起，颇有些气势。李家山村南原有古商道，可容得两辆骡车并行，现已置之不用，只留下一段段残路。

沿湫水而上，可以到达碛口镇另一个著名的村子——西湾，其三面环山，南临湫水河。西湾村人都姓陈，最初的始祖陈先谟，明末从方山县迁居于此。从清初第四代陈三锡开始，陈家日渐发达，最兴盛时碛口的商铺半数都属其家族。村子里陈家兴建的石窑洞占地约万平方米，错落有致的大小院落有 30 处。院门多不张扬，但内部一般都有窑洞围合的开阔空间，从狭窄的石板巷里走进去，会觉得眼前一亮。各院之间大多有小门可通，家族间相互往不必绕路，十分便利。

西湾村有 5 条南北向巷子贯通全村每条巷子只在巷口设一座石拱门，外城堡式墙体护卫。这种村落的防卫设计独具特色。

旅游指南

交通：可从太原、离石、临县搭乘长途汽车前往碛口

门票：免费

开放时间：全天

【文水县】

则天庙

TEMPLE OF EMPRESS WU ZETIAN

则天庙又名“则天圣母庙”，位于吕梁文水县城北5千米处南徐村的东侧，金代风格，供奉中国历史上唯一的女皇武则天。1996年，则天庙被列为第四批全国重点文物保护单位。

祠庙由山门和钟楼、鼓楼及正殿、东西厢房等建筑组成。

则天庙山门下部为砖券拱门，上部为乐楼。正殿圣母殿面宽三间、进深六椽，单檐歇山顶。殿明间设板门，次间置直棂窗，柱头卷杀明显，檐柱均砌入壁内。殿内采用减柱法，后槽两根金柱安置在神龛两侧，殿内空间十分宽敞，梁架结构简明。殿内神龛装饰彩绘富丽，内有则天圣母像。大殿板门上部“金皇统五年”刻字尚存，梁架、斗拱、门窗、门墩等均是金代旧制。

正殿内精美的神龛也是旧物。前部斗拱制作华美。神龛上方有一条悬塑走龙，是镇庙之宝。

庙内碑廊现存明、清碑刻10余通。庙内有武则天政绩陈列、武则天家族史料陈列以及全国与武则天有关的名胜古迹陈列等。院中有现代汉白玉雕像。

旅游指南

交通：从太原吕梁可坐火车到文水县，县城公共交通班次较少，建议打车前往

门票：免费　开放时间：8:30 ~ 17:00

1

1. 则天圣母庙外景
2. 圣母庙内现代汉白玉则天圣母雕像

山西南部（古河东郡）

- **运城**——华夏之根，武圣故里
- **临汾**——最早中国，三晋之源

山西南部的运城、临汾因濒临黄河东岸，秦朝时设河东郡。至三国时期，曹魏政权分河东郡为二，其南与河南、陕西隔河相望的地区仍称河东郡，其北为平阳郡，两地名一直沿用至南北朝时期。此后，控制该地区的政权更迭，名称多有变化。明朝，古河东地区为平阳府，清朝又复分为几州。今日，三国时期的河东郡为运城市，平阳郡为临汾市。

河东地区地处黄河在中原地区的大拐弯处，地理位置独特。因其拥有著名的盐池和汾河两岸的大片平原、湖泊等，成为中国古文明最重要的孕育地。上古圣帝尧、舜、禹，都相继在河东地区建立自己的都城。尧帝都平阳（今襄汾陶寺），舜帝都蒲坂（今永济市），禹都安邑（今夏县）。

山西人常引以为豪的三晋大地，其前身古晋国即发轫于今临汾的翼城。史传周成王“桐叶封弟”，胞弟叔虞被封为唐国（今翼城县、曲沃县一带）侯。因唐国有晋水，叔虞之子燮继侯位后，改唐国为晋国，经过600多年权力更替，在上演了“骊姬乱晋”“晋国称霸”和跌宕起伏的“赵氏孤儿”等故事后，晋国被赵、韩、魏三卿大夫一分为三，是为“三晋大地”称呼之始。

之后，从春秋、战国至明末清初，河东地区一路演绎精彩。地缘优势、物产优势形成了该地的经济优势，从而筑就了其文化优势。河东名流辈出，英才荟萃，商贾巨族享誉中华。战国时期，有七雄中首先崛起的魏国主宰者魏文侯，纵横家、思想家张仪，诸子百家之一的荀况，水利工程专家李冰、西门豹等。汉朝时期，有史学家司马迁，为汉武帝霸业立下汗马功劳的大将军卫青及外甥霍去病、托孤重臣霍光（霍去病之弟），汉末的三国名将关羽等。从南北朝开始至唐宋，河东屡出宰相、文豪等，有西晋科学家裴秀、中国第一位到海外取经求法的大师兼杰出的旅行家兼翻译家法显、河东闻喜裴氏家族走出的“史学三裴”（裴松之及其子裴骃、曾孙裴子野）、隋朝司隶大夫薛道衡、教育家王通等。还有唐朝开国大将军柴绍，集哲学家、思想家、文学家于一身的“文豪”柳宗元，文学家王绩、王勃，诗人王之涣、王维，以及北宋史学家司马光，道学家吕洞宾……在中国历史上，河东裴氏一门出 59 位宰相、59 位大将军、3000 多位七品以上的官员，600 多人被列入二十四史，可说是唐宋时期的“宰相家族”，史称“将相接武，公侯一门”。

能够为中国历史演进养育出如此多的将相名臣，拥有功高盖世的公侯望族，自然也是得益于其特殊的地理环境和资源优势。河东地区的天然盐湖是中国最古老的盐业生产基地，也是古代王朝最为重视的税赋来源；绕其西南而行的黄河不仅哺育了中华文明，也为古河东与中原地区的经济往来提供了水上运输便利。富饶的河东地区的资源优势在明朝再次显现了出来：朝廷实行的“开中制”为享誉天下的晋商崛起提供了政策机会，河东的传统商人凭依盐业和丰富的物产，成为晋商的先驱。

天赐恩情的地方，必然留存有让世界震惊和艳羡的文化瑰宝。堪称元明时期壁画艺术巅峰之作的运城永乐宫、青龙寺、新绛稷益庙壁画，洪洞广胜寺上寺明代琉璃塔、彩塑和下寺的元代彩塑、壁画，临汾郊区东羊后土圣母庙的古戏楼和彩塑都值得我们前去仔细欣赏。

千佛庵
师家沟古建筑群
州署大堂
娲皇庙
东岳庙
临汾
广胜寺
东羊后土庙
陶寺遗址
汾城古建筑群
丁村民宅
福胜寺
曲村天马遗址
青龙寺
龙兴寺
侯马晋国遗址
马村砖雕墓
稷益庙
后土祠
李家大院
运城
司马温公祠
舜帝陵庙
常平关帝庙
解州关帝庙
浦津渡遗址
永乐宫

运城

盐湖区舜帝陵庙 | 盐湖区解州关帝庙 | 盐湖区常平关帝庙 | 永济市蒲津渡遗址 | 新绛县龙兴寺 | 新绛县稷益庙 | 新绛县福胜寺 | 夏县司马温公祠 | 稷山县马村砖雕墓 | 稷山县青龙寺 | 芮城县永乐宫 | 万荣县后土祠 | 万荣县李家大院

运城——这颗河东明珠是中华文明的摇篮地之一，凭借中条山下的盐湖之利，经济富庶，人文荟萃，英贤辈出，文化灿烂。这里曾经是古贤帝的都城——舜都蒲坂（今永济）、禹都安邑（今夏县）；这里是李冰、关羽、柳宗元、裴度、司马光、关汉卿等铭刻在中华历史中的名人故里。历代人文昌盛的运城，名胜古迹星罗棋布，文物旅游景点超过 1600 处，其中国家重点文物保护单位 102 处，居山西 11 个地级市之首。驰名中外的武庙之祖——解州关帝庙，规模宏大，石雕、建筑艺术精美；全真教三大祖庭之一的芮城永乐宫，因元代壁画而享誉全球；《西厢记》故事发生地——永济普救寺，成了当代青年追求爱情的圣地；汉武帝亲自祭祀后土并写下千古名篇《秋风辞》的万荣后土祠，美轮美奂的秋风楼临河玉立，游客接踵；见证唐宋经济繁荣的黄河大铁牛；曾经群星闪耀、商贾文人云集的蒲州古城；还有稷山青龙寺、新绛的龙兴寺和绛州大堂、李家大院、飞云楼……游山西，运城岂能错过！

山门

【盐湖区】

舜帝陵庙

MAUSOLEUM TEMPLE OF EMPEROR SHUN

舜帝是中国古史记载中的“中华五贤帝”之一，传说舜帝驾崩后葬于中条山的鸣条岗，其帝位继承者大禹为舜帝建陵。盐湖区的舜帝庙始建于唐开元二十六年（738），后毁于元末战火中。明清历代多有修复和扩建。现在的陵庙在清末重建的基础上进行了大规模的修葺和扩建，并以其为中心，形成了占地1778亩的舜帝陵景区。2006年，舜帝陵庙被列为第六批全国重点文物保护单位。

进入陵庙大门后便见到砖砌的方形墓冢，陵前嵌“有虞帝舜陵”石碑，旁立“有虞氏陵”石碣1块，其间古树郁郁葱葱。绕陵北行约30米是皇城，又名离乐城，重修于清，高大雄伟。城内从南向北中轴线上有戏台、卷棚顶献殿、正殿等主要建筑，东、西两侧有廊房和钟楼、鼓楼等。主建筑正殿内有泥塑舜帝坐像和大臣立像。寝宫殿内供舜帝和娥皇、女英二妃塑像。

献殿

旅游指南

交通：乘坐飞机、火车或长途汽车到达运城市后，打车或乘公交车前往即可

门票：20元

开放时间：9:00 ~ 17:00

“万代瞻仰”牌坊与钟楼

【盐湖区】

解州关帝庙

GUANDI TEMPLE IN HAIZHOU

运城盐湖区解州镇古称“解良”，是三国名将关羽的故乡，镇西有全国现存最大、保存最为完整的关帝庙——解州关帝庙，号称“天下关庙之首”，素有“关庙之祖，武庙之冠”的美誉，是祭祀关帝的最大场所，也是“关公文化的直根和源头”。全庙不仅规模宏大，而且拥有精美的砖雕、石雕、木雕、琉璃制品等“关庙四绝”。1988年，解州关帝庙被列为第三批全国重点文物保护单位。

解州关帝庙最初在陈、隋时期修建，以后历代对其多次大修、重建和扩建。

目前解州关帝庙的明清建筑群在海内外无数关帝庙中占地面积最广，中轴线南端的“结义园”为纪念刘、关、张桃园结义而建。中轴线以北主要建筑有琉璃龙壁、端门、午门、御书楼、崇宁殿、刀楼、印楼、春秋楼和众多牌坊。中轴线南端东、西两侧有“万代瞻仰”石牌坊和“威震华夏”木牌坊，两牌坊左右对称，气势巍峨。端门也是倒座戏台，将入口封起来。午门好似一个巨大的凉亭，四面透风，内部空间开阔，悬挂多个巨幅匾额，四周墙上是清代以来的壁画，画的都是关于关帝一生忠勇的故事。

旅游指南

交通：从市区打车或在运城火车站乘坐公交车可直达

门票：60元（4月1日—11月30日）
50元（12月1日—次年3月31日）

开放时间：
8:00～18:00（4月1日—11月30日）
9:00～17:00（12月1日—次年3月31日）

御书楼也是祭祀关公最主要的场所，其重檐歇山式琉璃殿顶巍峨高大，象征着帝王威仪。内部原挂康熙亲笔书写的匾额“义炳乾坤”，后改放崇宁殿。

北宋崇宁三年（1104），徽宗赵佶封关羽为“崇宁真君”，庙宇主殿由此而得名，殿门额上的“神勇”二字匾为乾隆皇帝亲笔御书。殿四周有26根雕刻细腻的蟠龙石柱，前有月台和雕花石栏围拢。大殿正中塑关帝着龙袍、手持笏板的帝王像，两侧塑其侍臣。

关帝庙最北的春秋楼有两层，结构奇巧，雕刻精致，为全国关帝庙中之巨作。此楼有“三绝”。一为结构巧妙。上层回廊的廊柱，矗立在下层垂莲柱上，垂柱悬空，内设搭牵挑承，给人以悬空之感。二为塑像逼真。二楼神龛暖阁内，塑有关羽侧身夜观《春秋》像，其情态、眼神、姿势自然逼真，而周围的阁子板壁上，正楷刻着整部《春秋》。三为藻井特别。中间藻井双龙戏珠，正对北斗七星，两侧藻井则是铁树开花，仿若微风吹来，花朵正摇曳般。

1. 雉门
2. 午门东侧门神周仓
3. 午门西侧门神廖化

解州关帝庙建筑规模宏大，具有浓郁的宗教建筑特色，但是所有殿堂楼阁奉祀的均为关公及相关人物，无其他神祇。它将宫殿和庙宇建筑风格熔于一炉，既具有宫殿建筑的高规格，又采用了佛寺道观的布局。庙内砖石木雕、琉璃作品等均属上乘。其中，端门的砖雕最具代表性，檐檩以下全部砖雕装饰，云龙花草、荷菊牡丹、人物花鸟均有，浮雕、透雕、圆雕等手法齐备；石雕主要分布在墙基、柱础、抱鼓、栏杆及牌坊门额等处，雕有《三顾茅庐》《单刀赴会》等故事，也有麒麟、夔龙等各种祥瑞图案，技法皆自然流畅；木雕多为装饰，其中最有特色的当属崇宁殿暖阁外柱子上的四条神态各异的龙，采用了高浮雕基础上创新的悬雕手法；琉璃作品几乎覆盖了全庙整个建筑区域，造型丰富，色彩绚丽，特别是春秋楼前牌坊上的一对凤吻，为山西历代所仅有。

解州关帝庙因其特殊地位，从宋、元、明、清至民国，历代均有诏谕、祭文、楹联、匾额，其中尤以崇宁殿康熙题“义炳乾坤”、乾隆题“神勇”、咸丰题“万世人极”三块较为著名。从宋代至民国，关帝庙前后增建、修葺30余次，明清达至鼎盛。

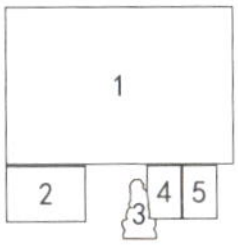

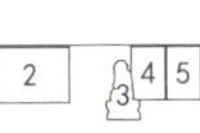

1. 崇宁殿
2. 午门
3. 石雕童子
4. 崇宁殿神龛
5. 康熙御书匾

1. 春秋楼上层神龛
2. 壁画《赠赤兔》
3. 壁画《斩颜良》
4. 壁画《千里走单骑》

康熙四十一年（1702）的一场大火，将庙宇焚毁无余，后经过10年重建才恢复旧观。嘉庆年间（1796—1820），又因地震遭受重创。光绪、宣统年间，屡次遭受火灾，午门、乐楼、钟楼、崇圣祠等13处建筑及百余间廊房皆成灰烬，只有主体建筑幸存。

【盐湖区】

常平关帝庙

GUANDI TEMPLE IN CHANGPING

常平关帝庙位于盐湖区解州镇常平村西，此地山明水秀，采用与解州关帝祖庙相仿的“前朝后寝”的建筑格局。2006年，常平关帝庙被列为第六批全国重点文物保护单位。

据说，这座关帝庙原是关羽祖宅，后来当地人为纪念关羽及他的祖辈便在此建造祠堂，是最早纪念关羽的场所，又称关帝家庙，历代不断有扩建，明清时期形成现在规模。

常平关帝庙前有“灵钟盐海”“秀毓条山”木牌坊两座，钟楼、鼓楼相对两旁，中央正面有“关王故里”明代石雕牌坊一座。庙内中轴线自前至后，有山门、午门、享殿、关帝殿、娘娘殿、圣祖殿等六进殿宇，两侧配

厢房、配殿、回廊。圣祖殿
塑关羽的历代祖先像。

常平关帝庙的建筑群均属
清建筑，所存一金代小塔，是
纪念关羽父母所建。庙内几棵
柏被赋予了祈福的寓意。

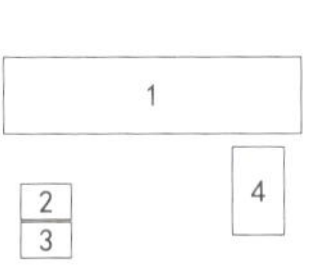

1. 牌坊与仪门
2. 常平村“关公故宅”古碑
3. 庙前“秀毓条山”木牌坊
4. 侍者像

旅游指南

交通：从市区打车前往或乘公交车在蚕坊村站下车后步行 700 多米抵达

门票：30 元（4 月 1 日—11 月 30 日），25 元（12 月 1 日—次年 3 月 31 日）

开放时间：8:00 ~ 18:00（4 月 1 日—11 月 30 日）9:00 ~ 17:00（12 月 1 日—次年 3 月 31 日）

【永济市】

蒲津渡遗址

PUJINDU REMAINDER

过去，小学书本里有一篇《捞铁牛》的课文，讲述了宋朝和尚怀丙利用浮力原理，在黄河岸边捞起大铁牛的故事。故事的发生地就在永济市区西 18 千米处的蒲州古城西门外，著名的蒲津渡遗址附近。

蒲津渡处在黄河东岸，东与《西厢记》故事发生地普救寺相依，北与全国四大名楼之一的鹳雀楼（重建）相望。唐中期，当地官府架浮桥于黄河之上，极大地方便了秦晋两地的商贸往来，为山西至长安的“黄金交通线”。金元时期，为阻止蒙古人西渡黄河，浮桥被毁。后又因黄河改道、地震等，作为浮桥地锚的大铁牛和驭牛的铁人等从此匿迹。

1989 年蒲津渡遗址被发掘。1991 年有关部门对遗址进行了全面清理挖掘，完整地出土了唐开元十二年（724）铸造的四尊铁牛、四尊铁人、四个铁墩柱等文物。

1. 大铁牛、铁人
2. 遗址全景

旅游指南

交通：从运城市区中心汽车站乘坐运城到永济的城际公交（旅游专线）即至

门票：免费

开放时间：
8:30 ～ 18:00（4 月 1 日—10 月 31 日）
8:30 ～ 17:00（11 月 1 日—次年 3 月 31 日）
周一闭馆

四尊铁牛虽只起到拉牵浮桥的地锚作用，但却被工匠们铸造得个个特点鲜明。它们身长 3 米至 3.3 米不等，身高在 1.5 米至 1.66 米之间。其中，1 号为公牛，重不到 55 吨，体重最轻；2 号的外形是黄毛黑嘴，重 55 吨；3 号为犍牛，重 75 吨；4 号是小牛犊，却是最重的，达 78 吨。这四尊铁牛是迄今发现的历史最久、体积最大、分量最重、数量最多、工艺最精的渡口铁牛。

每尊铁牛旁边都有一个牵牛人，身高 1.9 米，身形、服饰各有特色：1 号鼻翼较大，头戴小帽，为维吾尔族人；2 号体格剽悍，头戴束帽，为蒙古人；3 号梳小辫盘于头上，为藏族人；4 号是曲肱握拳、头戴相公帽的汉人，他的衣服采用大翻领设计，很像现代的西服领式，颇为有趣。

这组铸铁牛、人、墩柱，用铁量占到当时全国年铁产量的五分之四，可见这蒲津渡是当时倾举国之力打造的重大“民生工程”。

1999 年，按照专家制定的铁牛顶升保护方案，有关部门将铁牛、铁人等文物原地垂直顶升 12.2 米，按原来的摆放样貌进行了恢复。2013 年又建了博物馆，修建了铁索木船浮桥，绘制了展现唐代蒲津关繁盛景象的壁画等。虽然如今复制的浮桥下没有滔滔黄河，但从桥上走过，也能感受一番 1000 多年前的人们与铁牛、铁人相遇一刹那的心情，让你在那一瞬间体验到“梦回唐朝”的感受。

远眺龙兴寺

【新绛县】

龙兴寺

LONGXING TEMPLE

龙兴寺在新绛县北大街尽头的高岗上，始建于唐，初名“碧落观”。唐高宗咸亨元年（670）改名“龙兴寺”。宋太祖赵匡胤曾路居该寺，改为“龙兴宫”；后僧人占据后复为寺。寺内现存龙兴塔、大雄宝殿等建筑，其主要看点为龙兴塔、大殿内元代彩塑和唐代“碧落碑”。2006 年，该寺院被列为第六批全国重点文物保护单位。

寺内碑亭内“碧落碑”，是唐总章三年（670）韩王李元嘉的儿子为其亡母房氏所立。碑文用甲骨文、金文、小篆、籀

大雄宝殿三身佛与四胁侍菩萨塑像

旅游指南

交通：从侯马汽车站乘坐侯马到新绛专线，在酒楼下车，向北步行 500 多米可达

门票：10 元，登龙兴塔：5 元

开放时间：8:00 ~ 18:00

大雄宝殿毗卢遮那佛右胁侍观音菩萨塑像

文等七种字体雕刻而成，是历代文人、书法家热衷研究的名碑。由于文字晦涩难懂，人们至今难以辨析明了其文理；大雄宝殿内塑佛和菩萨七尊像，主佛为毗卢遮那、释迦牟尼、卢舍那三身佛，面相饱满，上唇和下颌绘有蝌蚪形胡须；观音、地藏、文殊、普贤四大菩萨，头戴花式宝冠，鼻挺眉秀，服饰华丽，帔帛飞扬。在殿宇当心间的梁架上有三佛、两供养菩萨和四天王像。

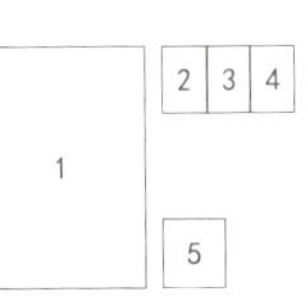

1. 毗卢遮那佛左胁侍地藏菩萨塑像
2. 卢舍那佛左胁侍文殊菩萨塑像
3. 释迦牟尼佛右胁侍普贤菩萨塑像
4. 毗卢遮那佛塑像
5. 毗卢遮那佛与观音菩萨、地藏菩萨塑像

正殿后高台上耸立着高43.7米的13层龙兴塔。据说初建于唐，原为8层。根据寺内石刻记载,清乾隆四十年（1775）重包外皮，并增高到现在的13层。塔呈八角形，磨光青砖砌制。塔身檐下的椽柱、斗拱都是仿木结构，每层塔上还有题额。据当地传说，宝塔有“三奇”：风起时各层角上的铁铃铛会发出不同的声音，这是奇铃；塔顶在历史上多次奇怪冒烟，据说最近一次在1993年8月，连续8天塔顶冒出青烟，每次持续半小时，这是奇烟；塔顶有个一人高的巨大铁葫芦，大铁葫芦边上生长的青草四季不枯。以上“三奇”，被当地人津津乐道，给宝塔添加了神秘色彩。

【新绛县】

稷益庙

JIYI TEMPLE

正殿

稷益庙位于新绛县城西南 20 千米处的阳王镇，俗称阳王庙，是供奉后稷和伯益的庙宇。后稷植百谷，教民稼穑，传为谷神；伯益又称伯翳，相传为大禹之臣，佐禹治水有功，建庙祭祀，故名。稷益庙以殿内保存完好的明代壁画著称，于 2001 年被列为第五批全国重点文物保护单位。

庙内最引人瞩目的是正殿内总计约 130 平方米的壁画。壁画题材多为古代神话传说，歌颂大禹、后稷、伯益教民稼穑、为民造福的事迹，在我国的寺观壁画中独树一帜，是我国古代农业社会的生动体现。壁画画艺精湛，布局严谨，是研究明代壁画风格和艺术内涵的重要实物，艺术价值极高。

其东壁绘《朝圣图》，整幅画以一座宫殿为背景，伏羲、神农、黄帝三圣坐于殿中，两旁及左右厢房中侍女成群，手执壶浆果盘。有文武百官朝贺、卫士侍立，阶下左右两侧有将士、农夫、猎户等到此朝拜。农夫有的手执五谷、肩扛农具，还有的捆绑着与人一般高的蝗虫，手拿蚂蚱等害虫和野草；猎户则手持大刀，肩挎弓箭，摩拳擦掌，剽悍勇武。画面左下方为朝圣大禹的场面，前有侍从捧着珊瑚、

旅游指南

交通：从新绛县城乘坐开往阳王镇的班车即可

开放时间：暂不对外开放

壁画《朝圣图》(局部)

壁画肩扛农具的农夫

宝鼎、供案，大禹头戴王冠，身着红袍，挺立桥头，左右侍女随从执幡伞护驾，前呼后拥，气势威严。《朝圣图》的外围则布列着描绘有关后稷的神话传说的壁画，包括祭祀天地、后稷诞生、抛弃郊野等。历史与传说结合，使画面具有浓烈的乡土气息，特别是其中

初生沐浴、马拉轿车、樵夫担柴、屋宇侧开的折叠式窗户等，颇有晋南特色。

西壁壁画为朝拜大禹、后稷、伯益，三圣凝神端坐，现出帝王之色。在其身后，有宫女、侍吏多人，他们奉果盘、捧琼浆、执如意、撑伞盖，侍奉在侧。阶陛之下文武百官侍立，或戴梁冠，或戴乌纱，或束软巾，或着缨胄，分层列于两侧。阶前有一位官员正手执笏板躬身朝拜，虔敬之情表露无遗。在朝圣者的外围则描绘了祭祀、烧荒、耕获、田猎等农业生产活动的场景。祭祀场景中，帝王带领百官朝着大禹、后稷和伯益的牌位躬身拜祭，肴馔齐备、钟鼓齐奏，坛上祥云缭绕、花木扶疏，一派庄严肃

1. 正殿东壁壁画《朝圣图》
2. 正殿东壁帝王朝圣壁画
3. 正殿东壁中部《朝圣图》壁画（局部）
4. 正殿南壁东梢间《朝圣图》壁画

穆。而《耕获图》将春种、夏耘、秋收集于一图。上端耕牛拉犁暂歇，扶犁的农夫正和田边的红袍官员聊着什么，树下的妻子已给他准备好了饭菜；中间父子在锄禾，年轻的妇人正挑着饭菜朝他们走来，迫不及待的孩子已经端了一碗饭跑来，年长者似乎听见了孩子的叫喊，停下活计朝着孩子望去；下端则是收割、碾场、扬场、装运谷子的情景，各道工序紧张有序地展开，场面热火朝天。这些场景的创作并非凭空臆造，其中的很多场面时至今日仍可以见到，可见其创作中深厚的生活基础。

总体来看，稷益庙壁画受明代水墨山水画的影响，布局严谨，疏密有致，层次清晰，将天上、人间、地狱全景展观，用色既有宋元壁画的古雅深沉，又通过特别的点染烘托出热烈氛围，是明代寺观壁画中的上乘之作。

【新绛县】

福胜寺

FUSHENG TEMPLE

弥陀殿

旅游指南

交通：从新绛县城乘坐前往北苏村的客车，在光村村口下车，向北步行 800 米可达

开放时间：暂不对外开放

福胜寺位于新绛县中国历史文化名村——光村，始建于唐。金天眷年间（1138—1140）重建，金大定三年（1163），被赐名“福胜寺”。寺院为四进院结构，沿中轴线上分布山门、天王殿、弥陀殿和后大殿，两侧有钟楼、鼓楼和十殿阎君殿、三霄娘娘殿等建筑，规模壮观，殿宇井然有序。寺院弥陀殿、后大殿内的元代彩塑最有价值，为时代精品。2001 年，福胜寺被列为第五批全国重点文物保护单位。

弥陀殿面宽、进深各五间，呈正方形，重檐歇山顶。殿内有塑像 27 尊，正中为阿弥陀佛，两侧胁侍观音菩萨和大势至菩萨像。阿弥陀佛面相饱满，嘴角微翘，表情恬淡温和，给人以庄严、亲切之感。背光黑底饰以繁花并以五彩描边，头光和身光均为圆形，光焰为硕大的火焰纹，具有浓郁的元代风格。观音和大势至菩萨头梳高髻，鼻梁高挺，向下收敛的眼睑呈现出宁静安详之态，身材健硕，服饰简洁，呈优美的“S”形站姿，颇富动感——晋南元代塑像除了有唐宋时期盛行

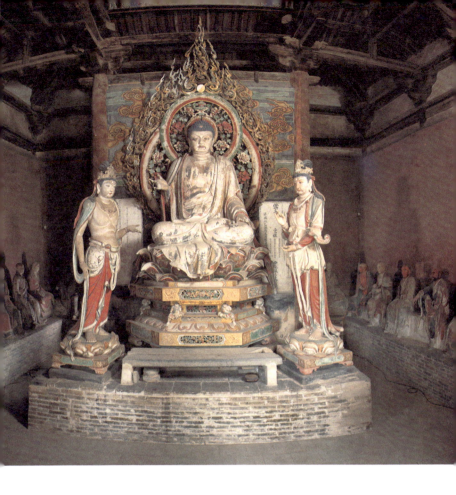

的丰骨秀肌韵味外，还多了一份棱角分明的英气。背面悬塑南海观音、善财童子、明王、供养人等。南海观音脚踏一朵由天犼托扶的祥云，衣袂飘飘渡海而来，面目清秀，体态娇妍。紧随其身旁的善财童子与金毛吼犼齐高，弯腰作朝拜样，侧扭的脸庞透露出顽皮的孩童之气。两侧则是三头六臂、凶神恶煞的明王，与菩萨的安静之美恰成鲜明对比。整个背景是波涛起伏的碧绿大海，并点缀以海岛仙山，具有很强的立体感。

后大殿为二层结构，上层为藏经阁，内奉孔子像；下层为三佛洞，内塑横三世佛（药师佛、释迦牟尼佛、阿弥陀佛）及文殊、普贤、观音、地藏王菩萨，均为元代塑像，其中尤以各大菩萨造型最为精湛。后大殿殿门用砖垒砌封闭，不对外开放。

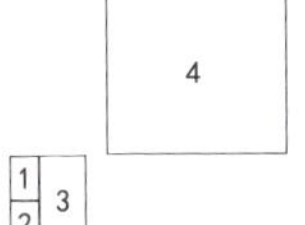

1–2. 弥陀殿背景墙悬塑明王
3. 弥陀殿背景墙悬塑童子
4. 弥陀殿全景

【夏县】

司马温公祠

ANCESTRAL TEMPLE OF SIMA GUANG

祠堂外景

旅游指南

交通：在夏县汽车站乘公交车到小晁村候车厅站后，步行 700 多米到达

门票：60 元

开放时间：
8:30 ~ 17:30（夏季）
8:30 ~ 17:00（冬季）

司马温公祠位于夏县城区，是纪念北宋名臣司马的一组建筑。司马光因死后被追赠太师、温国公，因后人又尊称其为司马温公。祠堂内部分为墓地、祠堂余庆禅院三部分。祠堂始建于北宋。墓道两侧有石像石羊、石虎等，风化严重，形象漫漶。祠墓中间是司光之父司马池墓，左侧为司马光之兄司马旦墓，右侧司马光墓。其余墓葬是司马光曾祖、祖父和族人墓冢墓地里有宋碑 4 通、明碑 2 通，其中王安石为司马光父司马沂撰写的墓表最为有名。

司马家族墓前新建的广场是司马光铜像、司马光缸等塑像。大门外东南方向是司马温公神道碑——碑及碑楼是明嘉靖三年（1524）山西监察御史朱实所建碑身、螭首、龟趺三者高达 9 米，额上是宋哲宗赵煦书“忠清粹德之碑”6 字，碑文为苏轼撰写，记述了马光一生功绩和家世（原碑已在北宋党争中被毁）。

温公祠里的余庆禅院，是宋神宗敕建的香火寺正殿 5 间，两侧为僧舍。宋代大殿及神台上的塑像——横三世佛坐像、文殊、普贤菩萨和护法金刚等很幸地保存了下来（罗汉像时代不明，形象不完整）。佛须弥座上有“六子闹弥勒”“童子拜观音”等绘画。

余庆禅院东边的涑水书院始建于宋治平二年（1065是司马光为当地农家子弟上学而建，现建筑为近代重修

1. 余庆禅院内的佛传故事造像碑
2. 大殿释迦牟尼佛左胁侍文殊菩萨塑像

【稷山县】

马村砖雕墓

BRICK-CARVING TOMBS AT MACUN VILLAGE

旅游指南

交通：搭乘稷山至河津的班车在马村路口下车，步行约 1000 米即到

门票：25 元

开放时间：9:00 ~ 17:00

马村砖雕墓在稷山县城西的马村（著名的青龙寺西南侧），为金代当地旺族、名医世家段氏家族墓地，占地二万多平方米，是一处保存完好的晋南巨族墓葬群。据发掘的墓志铭记载，这一家族墓地是宋政和八年（1118）至金大定二十一年（1181）期间建造的，共发现 14 座，其中已发掘 9 座，对外开放展示 5 座。墓室用砖垒砌，并以砖雕为载体，表现了墓主人生前居住场所的样式、欣赏偏好、生活情趣等。2001 年，马村砖雕墓被列为第五批全国重点文物保护单位。

墓葬群入口处有一清代戏楼，大概是段家后人为祭祀娱乐祖先而建，雀替、横梁上都有精美木雕。墓群在戏楼北侧，通过文物人员掘墓时开凿的通道可进入地下墓室。墓室用宋金小砖垒砌，形若圆顶鸟笼式，覆斗顶部，仿木砖石房檐。墓门上有威武的门神，四周镶嵌砖雕——先在每块砖上雕刻上人物或图案，再拼接镶至墓墙上。室主向的墙壁上有墓室主人生前夫妇饮宴、游玩的形象，还有侍女、书童之类在侧侍奉。在仿照现实生活的砖雕廊庑下的护栏上，雕刻着吉祥寓意的花草图案，还有的雕

1 2

. 4 号墓南壁杂剧图，从左至
依次为副末、副净、引戏、
泥
. 8 号墓北壁墓主人夫妇雕像

]二十四孝故事。有的墓室还
[妇人半掩在门内向外探望
]砖雕，也有表现戏曲演出的
景——有大鼓、腰鼓、拍板、
笛等多种吹打乐器，演员序
行当齐全，包括副净、副末
。有故事情节，有表演技巧，
全套的设备，墓主人把生前
爱好，似乎也全部带到了未
世界，继续着一场场永不落
的戏剧堂会——戏剧砖雕
所有墓室中都有，可见戏剧
这一带风靡的程度和段家
共同的娱乐喜好。

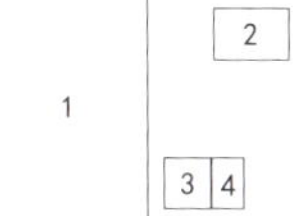

1. 5号墓北壁百姓慰劳军队场面
2. 1号墓南壁砖雕戏班伴奏乐队
3. 4号墓北壁墓主人夫妇砖雕
4. 8号墓北壁西侧砖雕女主人和婢女

戏剧专家研究认为：8号
墓内杂剧表演者有5个角色，
中有2个丑角装扮，副净
手向右打恭，头向左斜侧，
稽做戏，双目与嘴都绘有红
；2号墓为4位表演者，有
直角幞头、穿圆领宽袖长
、束腰带的官员装束者，有手拿笏板或长杆、穿圆领窄袖衫的，四人或坐或站，构成完整的表演场面；1号墓和5号墓给人印象最深的是戴幞头、簪花的乐队奏乐者；5号墓舞台后壁上部乐床上有4人，其中3人分别执拍板、吹笛、奏筚篥；下半部4人，其中1人持杆、1人吹哨；1号墓乐队中有击鼓者2人，侧面楼阁间有2人持杆做表演状。

今人无法从这些砖雕中了解具体的戏曲名目，不过毫无疑问的是，每一个场景都应该是主人生前最喜欢的戏剧内容或表演场景。戏曲砖雕是段家墓的最大亮点，它为中国研究金代戏剧艺术提供了难得的实物资料。

【稷山县】

青龙寺

QINGLONG TEMPLE

山门

青龙寺位于稷山县城西 4 千米处的马村西侧，背倚北垣，面临汾河，东西两片枣林围绕，是晋南著名的寺院之一。其内留存 200 多平方米的元代壁画（元代彩塑抗战时期损毁），与永乐宫壁画一样，为中国古代壁画顶峰之作，备受国内外研究者瞩目。2001 年，青龙寺被列为第五批全国重点文物保护单位。

青龙寺始建于唐龙朔二年（662），现存殿宇主要为元、明、清时期的建筑，为二进院结构。前院由山门（原为天王殿）、东配殿（罗汉殿）、西配殿（阎罗殿）组成；后院由腰殿（中殿或过殿）、大殿和东、西配殿组成。腰殿和大殿两侧分别有朵殿，大殿东、西两侧朵殿为护法殿和伽蓝殿，腰殿东、西两侧朵殿为祖师殿和青龙殿。

旅游指南

交通：乘稷山至河津的班车，途经马村下车即到

门票：20 元

开放时间：8:00 ~ 18:00

青龙寺元代壁画集中在腰殿和大
内。腰殿重建于元至元二十六年(1289
其内的水陆壁画为中国现存最早的寺
水陆画。各壁壁画分三层。东、西壁
为毗卢遮那佛、卢舍那佛和释迦牟尼
说法图，中部为大菩萨、请法弟子、
梵天王、帝释天及部众前来听法图，
下一层为级别较低的参加法会天界诸
祇；北壁东侧上为十大菩萨，中为十
罗汉，下为参加法会的十地阎王；北
西侧为面然鬼王、阿南和遭遇不测而
的友情众生图。南壁东、西两侧上中
分别为十大明王、四值使者和亡故帝王
臣子、名流、伽蓝等
生。四壁共有 500 多
人物，场面宏大，排
错落有序，所有人物
栩栩如生。

大殿建于元至正十

腰殿西壁中部壁画《帝释圣众图》

年（1351），殿内壁画主要集中在东、西山墙上。东山墙上释迦牟尼稳坐中央，文殊、普贤菩萨分坐左右，前站阿难、迦叶二弟子，左右各站一位体态健硕的大护法金刚，佛身后有听法的天帝、飞天等；西壁正中是弥勒佛，左右为观音和地藏王菩萨，南侧有《剃度图》。弥勒佛的下部画有善财和龙女，上面是人首鸟翅的伽楼罗。大殿的壁画上人物不多，但尺度比腰殿大

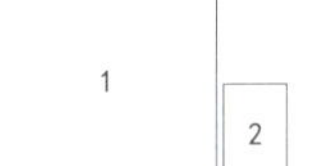

1. 后殿西壁壁画阴曹地府（局部）
2. 腰殿西壁壁画往古后妃宫女众

往古優婆夷女冠尼衆
往古賢婦烈女衆

1. 腰殿南壁西侧下隅壁画往古贤妇烈女众
2. 腰殿南壁壁画鬼子母

很多，有些一气呵成的流畅线条近 2 米长。

腰殿壁画继承和发扬了传统绘画中“骨法用笔”的技法，墨线以铁线描和兰叶描为主，兼用钉头鼠尾描和蚯蚓描，将佛、菩萨、明王、鬼卒等不同角色表现得含蓄流畅，其中衣饰、流云有“吴带当风”的格调，纱罗透体承袭“曹衣出水”的神韵。尤其是十大明王，线条劲健有力，根根到肉，表现出静中有动、动中有静的艺术境界。传说青龙寺壁画为永乐宫画匠的师傅所为，虽没有史料印证，但其画技不凡，确为事实。

【芮城县】

永乐宫

YONGLE PALACE

纯阳殿

旅游指南

交通：从运城坐公交车到芮城汽车站后打车前往

门票：60 元

开放时间：
8:00 ~ 18:00
17:30 停止入园（夏季）
9:00 ~ 17:00
16:30 停止入园（冬季）

三清殿西壁大乙

永乐宫位于芮城县城北 3 千米处的龙泉村东侧，又名大纯阳万寿宫，是全真教三大祖庭之一，为现存最大的元代道教宫观，以精美的元代建筑和壁画驰名中外。20 世纪 50 年代末，因修建三门峡水库，而永乐宫所在地永乐镇属于水库淹没区，为保护文物，遂整体迁建到今址。1959 年初冬开工，到 1964 年完成。1961 年，永乐宫被列为第一批全国重点文物保护单位。

著名的道教人物吕洞宾就是芮城南部黄河边上的永乐镇人。他被后人看成得道成仙的典型人物，其故事和传说千年不绝。元代初期全真教派正值鼎盛，在全国各地扩张势力。永乐宫于宋淳祐七年（1247）动工，包括彩绘壁画在内，到至正十八年（1358）竣工，施工期超过 110 年。其间曾遭遇元廷禁道教经书，永乐宫建设一度受阻。宫内原有丘祖殿，殿中亦设有壁画，可惜在 1942 年被侵华日军拆焚。

永乐宫的壁画满布在四座大殿内。这些绘制精美的壁画总面积达 960 平方米，题材丰富，画技高超，继承了唐宋以来的绘画技法，又融汇元代绘画特点，形成永乐宫独特的壁画风格，成为元代寺观壁画中最为引人的一章。

三清殿西壁壁画玉女图

永乐宫建筑格局宏大，宫殿式样符合元代初期道教极盛时期的特点。中轴线上的三大殿自南向北依次是三清殿、纯阳殿和重阳殿。三清殿是主殿，也是地位和规格最高的。三清殿又称无极殿，面阔七间、进深四间，八架椽，单檐五脊顶。前檐中央五间和后檐明间均为隔扇门，其余为墙。居中的藻井雕刻繁复，

用工极其精湛。这里供奉道教最高神元始天尊、灵宝天尊和太上老君，合称“三清”。塑像今已不存，而壁画保存良好，只有很少部分曾修补过。殿内壁画就是著名的《朝元图》，高 4.26 米，全长 94.68 米，总面

1. 三清殿西壁壁画
2. 三清殿东壁壁画

三清殿神龛西壁外侧壁画东极青华大帝

三清殿神龛东壁外侧壁画南极长生大帝

积403.34平方米。所谓“朝元”，就是道府群神朝谒元始天尊，犹如佛教中的《说法图》，是极为庄重且流行的构图形式。整个壁画以南极大帝、东极大帝、紫微大帝、勾陈大帝、玉皇大帝、后土皇地祇、东华木公、金母元君8位主神为中心，由他们率领282位道府群神，体现“三清譬如北辰，居其所而群神拱之”的主题。壁画上，8位主神较其余神祇高大，占据画面主要位置。壁画重彩勾填，人物面相丰满，服饰冠带华丽，各种线条流畅且呈现轻重缓急、顿挫转折，具有起伏和节奏感。其毛发须眉运笔流畅，既根根到肉，又有蓬松飘逸的质感，且在冠带、衣襟、熏炉等重点部位沥粉贴金。壁画构图严谨，气韵生动，技法超群，远望宏伟壮丽，近睹高贵华美，继承了唐宋释道画的豪迈风格，为元代壁画精品，也是释道画开始衰微之际弥足珍贵的鸿篇巨制。

纯阳殿，又名混成殿、吕祖殿，宽五间、进深三间，八架椽，上覆单梁九脊琉璃屋顶。殿内原有吕洞宾塑像，东、北、西三面墙壁上是用52幅图组成的《纯

纯阳殿壁画《道观斋供图》小童踮木墙

阳帝君神游显化之图》，以连环组画形式叙述吕洞宾的一生事迹。其中有大家耳熟能详的“黄粱美梦”“狗咬吕洞宾，不识好人心”“黄鹤楼”“蓬莱仙境”“吕祖度化”等情节。壁画高3.5米，面积203平方米，分上、下两栏，每幅之间用山石云树连接，每一事件既单独成章，又通过景色相互衔接。画中有人物666个，因性别、年龄、地位不同而神态装束各异，分别有养尊处优的帝后、文雅的儒生、耕作的农人、流离失所的乞丐等，是当时社会生活的真实写照。此殿中尤为精彩的一幅图是《钟离权度吕洞宾》，全画以青山、古松为背景，师徒二人对坐于深山大石之上，钟离权谈吐间伸出两指似在点化吕洞宾，吕洞宾一手捻着袖边，侧耳倾听，外表平静，内心却在进行激烈活动。画家将动静迥异的两人刻画得栩栩如生，设色古朴典雅，线描继承宋代传统，俯仰顿挫、下笔奔放，为古代绘画史上一幅不朽之作。

纯阳殿扇面墙壁画《钟离权度吕洞宾》

重阳殿壁画基本继承了纯阳殿壁画的手法，用49幅画面来描述王重阳的一生经历。壁画中所反映的社会生活风貌和纯阳殿雷同，艺术价值上也稍逊。不过其中仍有不少精彩之处，如山石云雾画法灵活多变，或斧劈皴擦，或云气腾没，或时隐时现，画幅虽相连，却无一雷同。而在城镇生活写实上甚为生动，如一家饭店门口，酒保当门而立迎接客人，抱孩子的妇人正欲走入，这时头顶热包子的小贩凑了上来，口中似有吆喝之声，生动再现了宋元时期城镇生活的一幕。此外，殿中扇面墙的背面绘有三清及侍者图像。

三大殿的壁画在艺术上继承唐宋传统，为元代道教艺术精品，是除敦煌壁画之外我国另一举世公认之艺术瑰宝，素有“东方画廊”之美誉。特别是三清殿的《朝元图》，更是代表了元代壁画艺术的最高成就。三大殿中的壁画由于体系完整、保存完好，多年来是艺术院校美术专业学生和美术爱好者的至宝，现在殿侧还有临摹学习画室。能在这样清幽的环境里学习壁画技法，至为难得。

纯阳殿东壁南部壁画《度何仙姑》

【万荣县】

后土祠

HOUTU TEMPLE

秋风楼

因存有汉武帝《秋风辞》碑刻而闻名的后土祠，位于万荣县城西南的荣河镇庙前村，西濒黄河，因地处历史上著名的“汾阴脽地”，古时曾名为汾阴后土祠，奉祀主宰大地山川的后土圣母。该庙始建于汉武帝元狩二年（前 121），之后历代屡有兴建，是我国最古老的后土祠庙，被汉武帝确立为当时皇帝祭地的本庙，唐玄宗、宋真宗等皇帝也曾在此亲祀后土。因黄河水患，后土祠数次被淹，唯山门与秋风楼幸存，现庙乃清同治九年（1870）移地今址重建，1996 年，被列为第四批全国重点文物保护单位。

后土祠占地面积约 25000 平方米，由南向北依次为山门、戏台、献殿、配殿、香厅、正殿和秋风楼，整体保存完整。现存建筑虽多为清代，但山门仍为元建，后有上为舞台、下为人行通道的戏台 3 座，又名“过亭台”，分别代表佛、道、儒三家，台前两侧砖砌八字墙上饰有精美砖雕。

献殿除精美木雕外，石柱础上雕刻的 50 余个大小不一、造型逼真的石狮，以及殿内现存的金代《蒲州荣河县创立承天敕法厚德光大后土皇地祇庙像图石》碑（明代重刻）和轩辕扫地碑都是独特的看点。献殿两侧为东五虎殿和西五虎殿，前者供奉五岳大帝：黄飞虎、蒋雄、崇黑虎、崔英、文聘；后者供奉五虎上将：关羽、张飞、赵云、黄忠、马超，殿内的石、木柱，依据题记可推断最晚为明朝所立。

正殿面阔五间，进深六椽，悬山顶，同献殿和享亭相连，享亭左右有金代铸铁缸。殿内有后土圣母、金童玉女、属官、送子娘娘和赐药娘娘，前檐廊下左右两侧山墙存有少量壁画。正殿屋面披有黄绿琉璃瓦，光彩夺目。

正殿后的秋风楼是后土祠最为著名的建筑，因三层藏有元大德年间（1297—1307）所刻的汉武帝《秋风辞》碑而得名，是山西三大名楼之一，另两楼为万荣县的飞云楼和介休市的祆神楼。秋风楼为明代遗构，楼身三层，砖木结构，面阔五间，十字歇山顶，共有装饰了彩色琉璃武将的挑角 36 个，高约 33 米，建于 16 米见方南北穿通的砖石台基之上，恢宏典雅，精美古朴，登楼远眺，黄河尽收眼底。

旅游指南

交通：从运城火车站坐直达万荣县的公交车，后在县城西客站转乘万荣至宝井班车，途经景区门口下车即可

门票：20 元

开放时间：8:30 ~ 18:30（夏季）
8:30 ~ 17:30（冬季）

大佛殿及鼓楼

山门

【万荣县】

李家大院

LI FAMILY COMPOUND

李家大院位于万荣县高村乡闫景村，是清末民初晋南首富、大实业家李子用家族的家宅，始建于清道光年间（1821—1850），与乔家大院、王家大院并称，素有“乔家看名，王家看院，李家看善”之说。2013年，李家大院被列为第七批全国重点文物保护单位。

李家大院建在黄土堆积的高塬上，原有院落20组，现存11组，以一条东西向的街道为轴，道北两院并联，道南三院并列，每院均为

俯瞰百泉湖及大院

两进。大院建筑大多是竖井式四合院，藏风聚气。精致的大宅门接地通天，砖雕、石雕、木雕及铁艺等饰品有晋南民间多子多福、三星高照、五福临门、松鹤延年、耕读传家等吉祥含义，体现出当地的民俗、民风和文化特点。

李家大院的建筑为两层设计，比晋中大院的平房有更多使用空间；因李子用留学英国并娶回英国女子麦克蒂伦为妻，建筑又有了明显的欧式风格。

李家大院西头道光年间的百善照壁，为用不同字体书写的365个“善”字砖雕，目的为提醒后代时时为善、世代行善。

李家的发展脉络是中国近代经济史的一个缩影：由农而商，由商而实业。

李氏第十三代孙李文炳，十六岁弃农经商，从赶集摆地摊开始，后组织马帮向“三边”（陕北靖边、安边、定边）贩运土布，又将皮货、药材驮回内地销售（俗称“边客”），获利颇丰。

1830年，李氏兄弟分家。李文炳把好的店铺给了两个弟弟，而自己却把“不良资产”揽了过来。分开经营后，李文炳创建了“通顺成”“通顺兴”商号，继续“边客”生意。而两个弟弟李文阶、李文蔚十分争气，成立了“敬信义”，经营食盐、酱菜、茶叶、酒类、糕点、药材、皮货、绸缎、布匹、日杂等生意。后“敬信义”逐渐向西发展到了西安、平凉、兰州、西宁、银川一带。管理上，“敬信义”按股东六份、人力股四份分配利润，极大地调动了员工的积极性，由此也成为晋商著名的商号之一。

庆禄堂前巷道

1. 庆禄堂大门
2. 李氏宗祠前影壁
3. 从堂屋望向院门
4. 善行馆前砖雕照壁（局部）
5. 砖木浮雕吉祥图案

多年后，文阶、文蔚再次分家。主导析产的兄长李文阶礼让弟弟，把利润最丰的西北生意交给弟弟，自己选择开拓东北市场。而小弟文蔚独立经营后也十分出彩。他带着儿子成立了“敬义泰”，生意越做越大，成为李氏家族最兴旺的一支。1917 年，留学归来的李子用（文蔚之孙）接管“敬义泰”。李子用在将家族生意推向一个新高度后，也面临分家问题。他将最赚钱的“敬义泰”分给了自己的侄子，而自己则开始进军实业市场：通过控制棉花收购、进而入股了新绛大益纺纱厂、榆次晋华纺纱厂，并成为沪、津、汉等各大纱厂的重要供应商。同时，李子用还开办了铸铁工厂。

李子用的侄子们也不遑多让，他的侄媳王和君（寡居）接手“敬义泰”后，到各地商号巡查，从闫景村坐马车出发，日行 60 里，“只住自家店，不吃别人饭，直到银川城”，把“敬义泰”发展为宁夏“八大商号”之首。

李氏鼎盛时期，生意遍及晋、陕、甘、宁、内蒙古、鄂、豫、沪、京、津等 15 个省市。抗战爆发后，李家生意每况愈下，只有少部分商号支撑到中华人民共和国成立后接受公私合营。但创办于 1862 年的“敬义泰”在银川一直薪火不绝，现仍从事食品生产，200年被商务部认定为中华老字号。

旅游指南

交通：从运城中心站乘坐开往河津方向的班车，途经李家大院下车即到

门票：60 元（旺季），50 元（淡季）

开放时间：9:00 ~ 16:30（冬季）
8:00 ~ 18:00（夏季）

临汾

曲沃县曲村天马遗址｜侯马市侯马晋国遗址｜尧都区东羊后土庙｜洪洞县广胜寺｜霍州市州署大堂｜霍州市娲皇庙
襄汾县陶寺遗址｜襄汾县汾城古建筑群｜襄汾县丁村民宅｜蒲县东岳庙｜隰县千佛庵｜汾西县师家沟古建筑群

临汾是中国黄河文明的发祥地之一，历史悠久，文化鼎盛。这里不仅发现了十万年前的“丁村人”，还有古圣君唐尧的故都——陶寺遗址；这里有春秋时期的强国之一晋国留下的文化遗址——曲村天马遗址和侯马晋国遗址，更因明初的洪洞大槐树下的移民而享誉海内。黄河从西流过，留下了涛声震天、虎啸龙吟的壶口瀑布，古神话中的伏羲峰、女娲人祖山上留下了仙迹，真武大帝修道成仙的神仙峪草木葱茏，历代帝王敕封的“中镇霍山”溪水欢悦、高山险峻、绿原广袤。临汾现有全国重点文物保护单位 54 处，除了人类古文明遗址外，还有祭祀尧帝的尧帝陵、尧帝庙，洪洞广胜寺下寺的元代彩塑及水神庙壁画、上寺的明代飞虹琉璃塔和彩塑、壁画，塑像密布“苍穹”的隰县千佛庵（小西天），独一无二的蒲县柏山东岳庙，尧都区东羊后土圣母庙的塑像、古戏楼，霍州娲皇庙的明清壁画，等等。“所有的旅行都是出发，唯有到临汾咱是回家。”走，这就回家看看。

【曲沃县】

曲村天马遗址

KINGDOM OF JIN RUINS AT QUCUN AND TIANMA

曲村天马遗址位于临汾市曲沃县曲村镇北赵村南，是春秋早、中期（公元前 770—前 585）晋国文化遗存区，即晋公族生活聚集区和墓葬群所在地。1992 年至 1994 年，北京大学考古文博学院和山西省考古研究所组织的联合考古队，在曲村天马遗址的核心区域发现了 8 组 17 座大墓，出土了大批的周朝玉器、不少载有晋侯铭文的青铜器等。1996 年天马遗址被列为第四批全国重点文物保护单位，为“中国 20 世纪 100 项考古大发现”之一。

依托曲村天马遗址兴建的晋国博物馆，是山西省首座专题性遗址博物馆，也是全国第一座晋国文化遗存的专题博物馆，展厅面积共 8000 多平方米，分三大展区——晋国历史文化展厅、曲村天马遗址发掘史展厅和晋侯墓地遗址陈列区，以 600 余年晋国史为线索，通过晋侯墓地出土的大量珍贵文物，结合叔虞封唐、文侯勤王、文公称霸、迁都新田、三家分晋等一系列足以影响中国古代历史进程的重大事件，展示了在春秋时代曾经独霸中原的晋国风华。遗址发掘史展厅展示了三代考古人历尽艰辛、寻觅求证的经过和考古发掘工作取得的一系列重大成果；晋侯墓地遗址陈列区选取了具有代表性的四组晋侯及夫人墓葬群

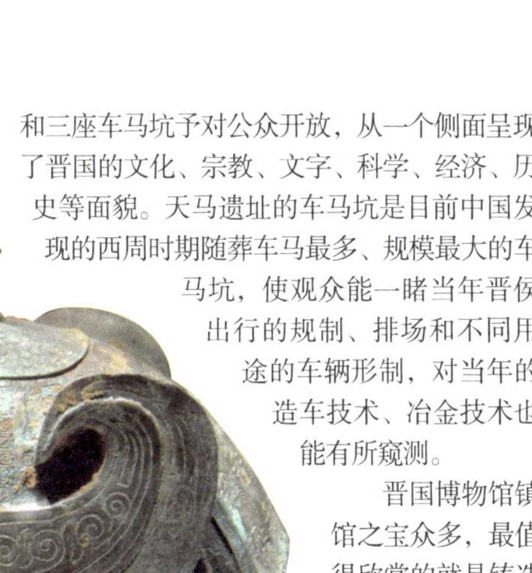

和三座车马坑予对公众开放，从一个侧面呈现了晋国的文化、宗教、文字、科学、经济、历史等面貌。天马遗址的车马坑是目前中国发现的西周时期随葬车马最多、规模最大的车马坑，使观众能一睹当年晋侯出行的规制、排场和不同用途的车辆形制，对当年的造车技术、冶金技术也能有所窥测。

晋国博物馆镇馆之宝众多，最值得欣赏的就是铸造技术精湛、构造巧妙、镂刻细腻的“晋侯鸟尊”，气势雄宏，这是到晋国博物馆的人必须仔细欣赏的一件文物。

1. 石雕《晋魂》
2. 鸟形銮铃
3. 鸟尊
4. 晋国历史文化展厅一角

旅游指南

交通：从临汾尧庙汽车站坐长途汽车到曲沃县，在县城烟厂口转乘曲沃至晋国博物馆的公交车或打车前往

门票：50元（晋国博物馆）

开放时间：
9:00 ~ 17:00（周一闭馆，16:00 停止售票，16:15 停止进馆）

【侯马市】

侯马晋国遗址

KINGDOM OF JIN RUINS AT HOUMA

侯马晋国遗址为晋国晚期（公元前585—前376）都城新田所在地，至韩、赵、魏三家分晋，历209年、13代晋侯。遗址现已探明和发掘的遗迹共有40余处，其中古城遗址10处、宫殿台基4处、宗庙建筑群1处、手工业作坊遗址6处、祭祀坑11处、墓地8处。共出土涉及礼仪、生产、生活、祭祀、饰品等文物10万余件，其中出土的"侯马盟书"就有千余件。其为研究中国先秦时期的政治制度、经济状况、生产力发展水平等，提供了重要的文物资料，是20世纪中国最主要的考古发现之一。1961年，该遗址被列为第一批全国重点文物保护单位。

侯马晋国遗址中的庙寝遗址，即晋国晚期都城新田时期宗庙建筑群遗址，

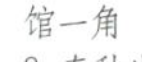

1. 侯马晋国古都博物馆一角
2. 春秋出廓玉璧
3. 凤纹模
4.《侯马盟书》

旅游指南

交通：侯马火车站、火车西站有前往晋国古都博物馆和庙寝遗址公园的公交车，铸铜遗址公园距汽车西站近，步行约1千米即到

门票：免费

开放时间：
博物馆（周一闭馆）：
8:30 ~ 11:30 15:00 ~ 17:30（夏季）
9:00 ~ 11:30 14:30 ~ 17:00（冬季）
遗址公园：全天

积超过40万平方，反映了当时“国大事，在祀与戎”时代背景，为晋国循《周礼》“天子庙，诸侯五庙”的制的实物印证。铸遗址是晋国遗址的要组成部分，1958以来发掘面积近20平方米，是国内发规模最大、遗存最富的青铜时代铸铜遗址。发掘出土的铜陶范5万余件，其中1000多件上有美花纹。大到1人多高的编钟，小到首布、车马器，门类极多，各具风骚，铜鼎、铜编钟最为著名。从生产规模、艺技术和艺术风格诸方面都反映出当晋国青铜工业和物质文化的卓越成就，示出晋国雄厚的经济实力。

侯马晋国古都博物馆，位于侯马市黄金地段——市府西路，馆内陈列了晋都新田发掘出土的精品文物600余件。其中2000多年前铸造青铜器的陶范令人惊叹，而“侯马盟书”不仅让人们看到了晋国末期政治同盟刻在玉石片上内容丰富的盟辞，还能让人欣赏到先秦时期奇妙而有趣的书法。

【尧都区】

东羊后土庙

DONGYANG HOUTU TEMPLE

东羊后土庙位于尧都区土门镇东羊村，始建于元至元二十年（1283），元大德七年（1303）地震中被毁，元至正五年（1345）重修，原来为二进院结构的庙宇和庙外戏台。现庙院里仅存山门及两侧钟楼、鼓楼、二进院主殿——后土圣母殿、戏台。2006年，后土庙因保

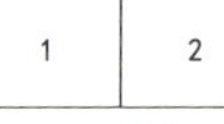

1. 门楼及钟楼、鼓楼
2. 元代戏台
3. 圣母殿侍女塑像

旅游指南

交通： 市区没有直达的公共交通，建议自驾、打车或包车前往

开放时间： 暂不对外开放

存完好的元代戏台、圣母殿里的明代彩塑，被列为第六批全国文物保护单位。

后土庙戏台的台在中国戏剧史上具有重要的研究价值，被称为“中国最美元代戏台”，戏台高1.75米（总高12.6米），宽7.75米，深3米，框架结构，十字歇山顶，飞檐临空，结构精妙。台前

有两根刻莲花童子的方形抹角石柱，内顶藻井繁复，外观又显得简洁敦实。从石柱上部略模糊的题记上可知，该戏台建于元至正五年（1345），距今已有600多年的历史。

后土圣母殿重建于明天启二年（1622），主祭掌阴阳、育万物的后土圣母，人类之母娲皇圣母及生育之神碧霞元君。殿北壁神台上塑金龙盘旋、祥花繁复、瑞云缭绕的三开间神阁。中央为后土圣母，面相温和，端庄高贵，两侧站有两位掌管印玺的侍从，神台下站立两位持笏而立的侍臣。娲皇在东阁，左侧站立一抱着童子的侍从，右侧为掌印女官。西阁内的碧霞元君左手安抚着俯伏于腿上的小童，两侧有掌印、抱着童子的侍者。其右前方塑一位犹如生活中的年轻的母亲，她正抱着一位玩着拨浪鼓的童子撒尿。东山墙神台上塑三开间屋宇，有五尊塑像，北侧一位青年官员正在翻阅木案上摊开的卷宗。

中间一位戴着高尖顶帽子的女人正走出房门，南侧一位青年妇女抱着童子，一位小童正站在屋内的窗台上，推开窗扇向外张望。西山墙上亦塑三开间屋宇，北为坐在神台上的女性神像，余者为侍从，其中一位正掀开门帘，似正走出屋宇内。

从整个殿宇塑像营造的氛围来看，当年人们祭祀后土圣母，更多的诉求是为求得圣母多赐子嗣，以保家族延绵兴旺。

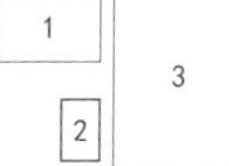

1. 圣母殿后土圣母塑像
2. 圣母殿女官塑像
3. 圣母殿侍者塑像

【洪洞县】

广胜寺

GUANGSHENG TEMPLE

广胜寺位于洪洞县城东北 17 千米的霍山南麓的霍泉发源地，始建于东汉建和元年（147），原名“俱卢舍寺”（又称“育王塔院”），唐代更名为广胜寺。宋金战争期间，寺院被毁。元大德七年（1303）重建，后遭遇地震被毁，大德九年（1305）重建。除了飞虹塔和部分殿宇为明代修建，寺院大部分建筑及其内的艺术为元代所建。1961 年，广胜寺因享誉中外的元代壁画、飞虹琉璃塔和珍藏的《赵城金藏》等，被列为第一批全国重点文物保护单位。

广胜寺分上、下二寺。上寺在霍山一山巅上，以飞虹塔、元代或明代重建的诸殿宇及其内的塑像最为著名。飞虹塔为明正德十六年（1521）至

上寺外景

飞虹塔外壁浮雕

嘉靖六年（1527）修建，平面呈八角形的13层宝塔，高47.31米，全身用黄、绿、蓝三彩琉璃装饰，每层檐下有斗拱和精巧的莲花倚柱。第一、二、三层的琉璃塑尤为精致，有佛、菩萨、金刚以及奇兽珍禽等，其颜色历经风雨仍然鲜艳，是目前国内现存最大、最完整的琉璃塔，是“中国四大名塔”之一。塔内底层有明正德十六年（1521）铸造的铜佛坐像，因空间狭小，一般游客难得入内礼佛。

飞虹塔后殿宇从南至北依次为弥陀殿、大雄宝殿、毗卢殿、观音殿、地藏殿、西朵殿等。弥陀殿内有元代所塑的“西方三圣”（阿弥陀佛和观音、

上寺飞虹塔抱厦檐角上的琉璃力士雕塑

上寺毗卢殿“三身佛”及众菩萨塑像

1. 韦驮殿韦驮右侧持花侍
2. 韦驮殿韦驮左侧持宝侍
3. 韦驮殿的韦驮塑像

大势至菩萨）和两尊明代塑像，梁思成、林徽因夫妇赞其“宋风十足”。殿中扇面墙上的巨型壁画精彩富丽，题为“众菩萨拜三世佛”。四壁原有水陆画，绝大部分已毁。殿内依墙摆着的12个红色藏经大柜，曾藏金代刻本的国宝《赵城金藏》——是我国第一部官方刊印《大藏经》覆刻本中的孤本。抗战时，僧人为保护《赵城金藏》不被日本人掠走，先是藏在飞虹塔上，后又设法藏匿山中。如今，《赵城金藏》为国家图书馆的镇馆之宝。

弥陀殿后院北是大雄宝殿（又称中殿或释迦殿），大殿佛龛内供奉着明代景泰年间（1450—1456）木雕释迦牟尼佛和文殊、普贤菩萨贴金造像，造型秀美，神情慈祥。佛、菩萨所在的三间佛龛，剔空浮雕花草龙兽几何纹，还有钟离权、吕洞宾等仙界神祇，被誉为“木雕中之无上好品”，横匾“光辉万古是清雍正皇帝御笔。东、西山墙上的台上有明代十八罗汉铸铁像。

大雄宝殿西侧有韦驮殿，殿内主韦驮。这尊韦驮造像头戴武缨帽，身铠甲，面相圆润，两腮丰盈，骨骼健美姿态英武，颇具灵性和神韵，为许多院里的韦驮所不及，属元塑精品。而两侧的持宝胁侍仙女等，造型世俗化另有韵味。

后院主殿为毗卢殿，内有泛着金的“三身佛”和四大胁侍菩萨。三身的须弥座、背光极其讲究，菩萨的瓔珞宝冠塑法独特，其坐骑造型十分有趣殿内四周有壁画，北壁的十二圆觉像为精彩，颇有元代遗韵。西配殿即地殿里的彩塑、悬塑也十分精美，值得细观赏。

广胜寺下寺背山、临霍泉而建，大

1 2

1. 水神庙东壁《行雨图》(局部)
2. 水神庙南壁东侧《杂剧图》

雄宝殿为元代重建。殿内佛坛当心间和两次间塑有“三世佛”及文殊、普贤菩萨，均为元塑精品。三佛面相饱满，眉骨弯曲略长，两腮莹润适度，下巴圆润回收，双目平视。佛座置仰莲三层，莲瓣墨色，为别处所未见。神坛下拐角处各有力士一名，看起来筋骨强健，英气逼人。东、西山墙上原绘有精美的《炽盛光佛佛会图》和《药师佛佛会图》元代壁画，20 世纪 20 年代流失海外，现分别收藏在美国纳尔逊 – 阿特金斯艺术博物馆和纽约大都会艺术博物馆。

与下寺一墙之隔的水神庙明应王殿为元代建筑，殿内神坛上的明应王、侍从及地面站立的四位侍臣均为元代塑像。殿内四壁的元代壁画最为盛名，是迄今为止，山西保存得最美、最完整、面积最大的水神壁画。东、西壁均是以明应王为中心，两侧为侍从、随臣及众神仙。西壁上方绘一佛两菩萨和一小神献宝图，南侧绘《唐太宗千里行进图》，北侧上方绘制的《捶丸图》是水神庙著名的画面之一，描绘了元代官员在土坪上进

水神庙北壁西侧《王宫尚宝图》

水神庙北壁东侧《王官尚食图》

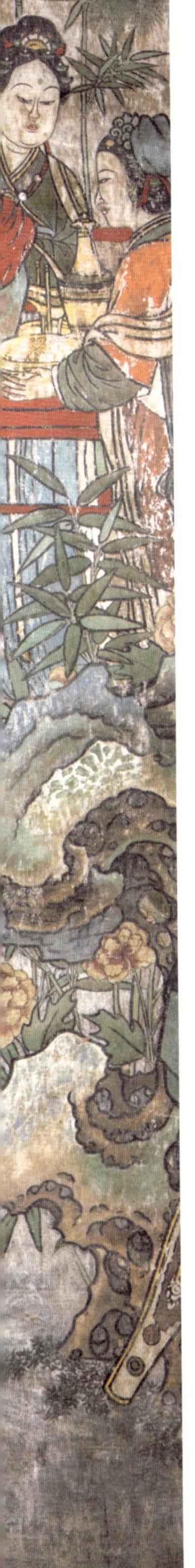

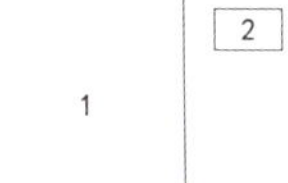

1. 水神庙东壁北侧《渔民售鱼图》和《庭院梳妆图》
2. 水神庙西壁北侧《下棋图》

行“捶丸”活动的场景——此项运动被中国人称为现代高尔夫运动的鼻祖；东壁北侧的《渔民售鱼图》《庭院梳妆图》十分著名，描绘了元代鲜活、生动的民间生活场景；北壁东侧绘制《王宫尚食图》，婀娜的宫女正端着食盒等忙碌着，其中左下侧的《烧水图》十分生动，堪称是生活的真实写照。西侧绘制一幅《王宫尚宝图》，布局、场景与东侧同；南壁东侧的《杂剧图》更像是元代戏剧表演者的“集体定妆照”，画面中生、旦、净、末、丑等角色共有 11 位，加之“大行散乐忠都秀在此作场”题字，为研究当地戏剧发展提供了珍贵的物质资料。南壁西侧的壁画内容丰富，寓意深远。其右上侧的《玉渊亭图》可以说是彼时的水神庙前的霍泉的盛景写照——只见霍泉从修行人、书童所在的凉棚下喷薄而出，岸边有闲人垂钓，林间行走着前来拜神的行人等。水神庙内的壁画无论是用于研究还是为人欣赏，都具有极高的价值。

旅游指南

交通：临汾市区有直达洪洞县的公交车，到县城后打车或乘公交车至广胜寺景区下车步行即到

门票：55 元

开放时间：8:00 ~ 18:00（2 月—10 月）
8:00 ~ 17:30（11 月—次年 1 月）

【霍州市】

州署大堂

FORMER GOVERNMENT OFFICE OF HUOZHOU

大堂

霍州州署大堂为霍州署内的主体建筑，位于霍州市区东大街北侧，是全国唯一保存下来的格局完好的古衙建筑。霍州署始建于隋唐，现存大堂为元代建筑，其余为明清建筑。1996 年，霍州州署大堂被列为第四批全国重点文物保护单位。

霍州署由谯楼、仪门、甬道、戒石亭、大堂、二堂、内宅、静怡轩等建筑组成，其最大的特色在于州署大堂。

元代大堂面阔、进深各 5 间，巍峨壮观，高大古朴，采用宋金时期流行的减柱法，在大堂前悬挂着“亲民堂”牌匾。堂内既不雕梁画栋，又不彩壁绘墙，给人一种朴实无华、庄严肃穆的感觉。这种庄重威严的建筑风格充分体现了元代蒙古人那种粗犷豪放的性格特征。与大堂紧密相连的明代抱厦，其梁架选材都经过加工修饰，圆润、标准，柱下有鼓形雕花柱础石，椽、檩经过彩绘，古朴中透着典雅，与大堂的朴实无华相得益彰，相映生辉。抱厦的四柱之上用极小的阑额相连，上面却承托着一整根极大的普柏枋，在这根普柏枋上，有斗拱七朵，朵与朵之间距离相等，却没有一朵是放在任何柱头之上的，把斗拱的作用“完全忘却”，好像随便摆在那儿一样。这种斗拱结构遗存，在中国独一无二，梁思成先生赞誉其为“滑稽绝伦的建筑独例”。

霍州署堪称全国现存地方官衙中占地面积最大、气势最为恢宏的古代衙署，先后有李渊、李世民、康熙、慈禧、光绪等驾临于此。清康熙皇帝驾临霍州署后御书“日色才临仙掌动，香烟欲傍衮龙浮”匾联。

旅游指南

交通：坐火车到霍州东站或霍州站后，打车或乘公交车至鼓楼站或前进街站后步行抵达

门票：40 元

开放时间：8:00 ~ 18:00（夏季）
8:30 ~ 17:30（冬季）

圣母殿后檐西侧《内廷膳食图》

【霍州市】

娲皇庙

WAHUANG TEMPLE

山门

娲皇庙位于霍州市大张镇贾村，始建于明代，清同治四年（1865）重修。现存建筑有山门、戏台、圣母殿、东西朵殿、配殿以及钟楼、鼓楼等。圣母殿内的壁画是其精华所在。2006年，娲皇庙被列为第六批全国重点文物保护单位。

圣母殿壁画总面积71.17平方米，分布于殿内的东、西两壁和北面后檐墙东、西两侧，于清乾隆二年（1737）

所绘，画面以女娲为中心展开全景式构图，将神话传说与清代社会现实生活完美融合。人物造型、神态完美；亭台、回廊、居舍华丽；神鸟、花卉生动。所有勾画无不严谨细致，乃清代壁画中的上乘之作。

东壁为《议政图》，描绘了圣母女娲宫廷中处理政务、宴请百官的场景。女娲侧身端坐于画面的视觉中心，两侧分立侍女、群臣，厅前有护法将军。画面左、右可见搬送贡品和准备祭品的侍女们，下方则绘有形态各异的官员及头戴帝王冠冕的三皇五帝；西壁壁画绘制的是《迎驾图》，其场景、建筑、侍女、神兵天将、官员等与东壁相近，不同的是，女娲身后增设了一把座椅，可见祭祀主体由一神变为了二神，而画面左下方出现的伏羲大帝证实了这一点，体现了晋南地区女娲与伏羲相伴的信仰。

后檐墙东、西两侧为两幅小面积的“备祭图”。画面中均有五名侍女在往桌案上放置各种祭品，背景装饰与宫灯洋溢着祝寿的气氛。值得一提的是，画中的回廊起到了视觉上连通东、西两壁的作用，很是巧妙。

人物刻画是娲皇庙壁画的亮点，遵循了唐、宋遗风，是研究古代人物造型、服饰特点及本土化历史难得的资料。

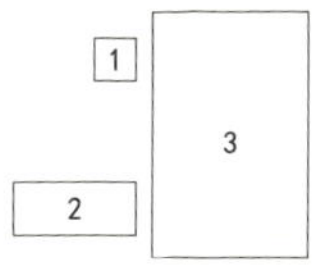

1. 圣母殿西壁侍立的官员与乐伎
2. 圣母殿西壁武士
3. 圣母殿西壁圣母娲皇

旅游指南

交通：从市区打车或乘公交车至贾村站或贾村东口站后步行前往

门票：20元

开放时间：9:00 ~ 17:00

【襄汾县】

陶寺遗址

TAOSI RUINS

陶寺遗址——被许多专家认为是尧帝都城所在地，位于襄汾县陶寺村南，从 1978 年起至今，40 余年的考古发掘，相继发现了规模空前的史前古城址、与之相匹配的王墓、世界上最早的观象台、气势恢宏的宫殿（包括宫墙）、独立的仓储区、官方管理下的手工业区等，出土了彩绘陶器、玉器、漆木器等大量文物。其中出土最早的测日影天文观测系统、最早的文字、最早的龙图腾陶盘等，被列为中国考古“八大最”。

陶寺遗址兴建与使用时代距今 4300 年至 4000 年。王族墓地随葬的陶鼓、鼍鼓、石磬等礼乐器，表明史上最早的礼乐制度已形成；遗址和墓地出土的铜铃、容器口沿、齿轮形器、环、蟾蜍 5 件铜器，构成了中国史前时期最丰富的红铜铸造礼乐铜器群；集观象授时与祭天为一体的观象祭祀台，被天文史学界认为是世界考古发现最早的同类建筑；扁壶上的朱书陶文，已被绝大多数学者认为是目前考古发现最早的文字。贵族墓葬出土的数量可观的玉钺，充分显示出王权在陶寺遗址社会中的主导地位；带有防御设施的王宫内，一定数量的夯土宫殿建筑群与相关的陶制建筑

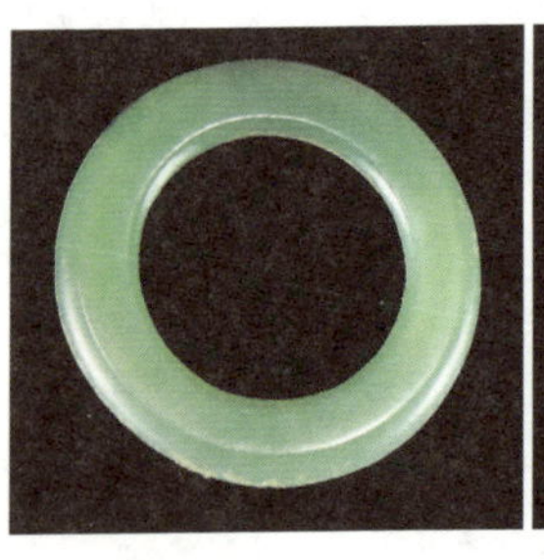

旅游指南

交通：从临汾市坐火车到襄汾县后，打车或包车前往

开放时间：暂未对外开放

装饰材料的发现等，说明中国史前最初的宫室制度如何形成；少数王墓与绝大多数平民墓葬群，以及它们在住宅规模、地基处理技术和位置高下等方面的差别，体现出陶寺遗址社会的金字塔式结构。陶寺遗址出土的部分与西亚文化相似的器皿、动物遗骸、冶金产品等显示了陶寺人海纳百川的胸襟和文化包容，正是各种文明的碰撞与交融，造就了陶寺遗址的文明成就。

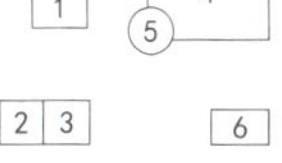

1. 陶寺观象台
2. 陶寺早期墓地采集的玉环
3. 彩绘簋
4. 宫殿区奠基坑出土的玉璧
5. 龙盘
6. 玉琮

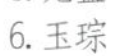

一系列考古证据链表明，目前没有哪个遗址像陶寺遗址这样，与尧都的历史记载在各方面如此契合。陶寺文明是多元一体中华文明的主脉，无论从存在时间上，还是历史地望上，陶寺遗址都与“尧都平阳”相一致。因此，专家认为陶寺遗址就是帝尧都城之所在，是最早的“中国”。1988年，陶寺遗址被列为第三批全国重点文物保护单位。

【襄汾县】

汾城古建筑群

FENCHENG ANCIENT ARCHITECTURAL COMPLEX

汾城地处襄汾县城西南 16 千米处，唐初为尉迟恭的封地敬德堡，贞观七年（633），太平县城迁于此，民国初年太平县改为汾城县。1954 年，有 1300 多年历史的汾城县与襄陵县合并为襄汾县，县城遂降格为镇。不过，原县城的街巷格局和城隍庙、文庙、明伦堂、贡院、文峰塔、鼓楼、县衙大堂、关帝庙、社稷庙、洪济桥、城墙等 40 多座金、元、明、清古建筑，完整地保留了下来，是中国古代县城建筑的标本之一。

汾城镇的布局，还沿袭汾城古城的原有格局。以鼓楼为中心，向东、西、南、北分别有四条街道，为县门前街、角口街、南门街和鼓楼街。从鼓楼向东，沿县门前街，现存有县衙大堂和关帝庙；而鼓楼以西，即角口街以北、鼓楼街以西的这一大片区域，古建筑保存完好，城隍庙、文庙、贡院、文峰塔等，构成了一个别具特色的明清建筑群。

旅游指南

交通：县城无直达的公共交通，建议自驾、打车或包车抵达

门票：免费

开放时间：全天（部分景点暂未对外开放）

1. 城隍庙戏台
2. 汾城试院
3. 汾城关帝庙
4. 汾城城隍庙
5. 汾城文庙
6. 城隍庙

城隍庙建于明初，布局完整，由东西牌坊、影壁、石旗杆、门楼、过亭戏台、献亭、大殿、钟楼、鼓楼及东西两庑组成。其中，三间四柱三檐牌坊式门楼最富魅力，需要抬头仰视才能看得见全貌——飞起的屋檐翼角、精致的垂花柱、华丽的斗拱、细腻的雀替木雕，把大门烘托得十分壮丽。东西两侧边门的雀替、廊柱上都雕有精美的花卉。

汾城镇的社稷庙，是国内现存罕见的县级社稷庙，初建于明代洪武年间（比北京社稷坛的创修时间还要早），现存建筑为清代所修。庙内有献殿、正殿、钟鼓楼等建筑。献殿为三间卷棚式建筑，檐下斗拱皆出斜拱，八根木柱支撑，柱间的额枋、雀替木雕精美，架下有垂莲柱，北侧额枋有透雕的人物、博古图案木雕。正殿面阔三间，歇山式建筑。东西两侧的钟楼、鼓楼为二层十字歇山式建筑，楼内木雕繁复。整个社稷庙建筑的木雕精彩绝伦，令人惊叹。

洪济桥始建于金大定二十三年（1183），为石砌单孔拱桥，桥上建单檐歇山顶桥廊五间。这座集实用性和美观性于一体、有800多年历史的廊桥，在国内十分少见。

【襄汾县】

丁村民宅

PRIVATE RESIDENTIAL HOUSES AT DINGCUN VILLAGE

丁村民宅位于襄汾县新城镇南 5 千米处的丁村，是修建时间横跨 300 余年——从明万历二十一年（1593）至民国时期、典型的明清古宅院群。民宅共有 40 多座大院，南、北、中、西四大组院。院落建筑保存完好，规制有序。1988 年，丁村民宅被列为第三批全国重点文物保护单位。

丁村民宅的突出特点是注重建筑细部的装饰，木雕、砖雕、石雕分布在建筑物的各个部位，尤以木雕最为丰富，在额枋、雀替、博风板、门楣、窗棂、匾额上，到处都有木雕。丰富多彩的木雕、砖雕、石雕，或浮雕，或圆雕，或线雕，或透雕，技艺精湛，或人物，或鸟兽，或花草，或器物，形象逼真。丁村民宅的时代特征明显，原汁原味地保留了明清时期的建筑风格。

丁村民宅的建筑不但风格典雅独特，布局错落有致，工艺精巧，而且在建筑装饰艺术上更具特色。木雕集中在额枋、雀替等部位。雕刻有“麒麟送子”“八仙庆寿”“喜上眉梢”“丹凤朝阳”等祥瑞图案。有的雕刻猴子骑在鹿背上捅马蜂窝，顶上喜鹊盘旋，寓意“喜禄封侯”，有的把上百只动物高低错落刻在一块栏板上，谐音为“百寿”，有的雕刻连朵祥云寓意青云直上。

旅游指南

交通：没有公共交通可达，需自驾、打车或包车前往

门票：30 元（景点通票）

开放时间：9:00 ~ 17:00（景点）
全天（村内）

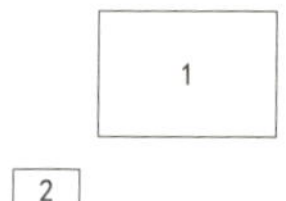

1. 1 号院额枋与雀替上的精美木雕
2. 1 号院内景

石雕集中在脚踏石、柱础和门墩石上。雕刻手法有线刻、高浮雕和浅浮雕。廊房的柱础均为双层结构，以八角须弥座周雕石狮或花卉为底座（个别为方形底座），上覆圆形鼓石。柱础的高度，从明至清有逐渐加高的趋势。如明万历二十一年（1593）的柱础高 40 厘米，万历四十年（1612）的柱础高 54 厘米，清雍正九年（1731）达到 65 厘米，道光二十五年（1845）达到 70 厘米。房檐柱础皆为单层，早期为单层扁圆形鼓石，到了乾隆时期出现了八角形与六角形，道光、咸丰时期，又出现了圆形的立鼓石。房檐柱础高度，也是从明至清有逐渐加高的趋势。

特别值得一提的是，20 世纪 60 年代，考古学家在丁村发现了距今十万年至六万年的人类活动遗迹，除了发现许多石器外，还相继发现十二三岁孩童的牙齿、头盖骨化石，以及同时期的梅花犀、野驴、纳玛象、葛氏斑鹿等动物化石。“丁村人”和“丁村文化”成了中国考古史上不可缺失的重要一环。丁村民宅北院的 2 号院为“丁村文化陈列馆”，“丁村人”化石复制品、出土的石器、动物化石等都在这里展出。

远眺东岳庙

【蒲县】

东岳庙
DONGYUE TEMPLE

蒲县东岳庙位于县城东的柏山之巅，是供奉东岳大帝的庙宇，周围峰峦叠翠、松柏遍布。据乾隆版《蒲县志》记载，东岳庙建于唐代，元、明、清屡有修葺。东岳庙现有山门、天堂楼、凌霄殿、天王殿、乐楼、香亭、献殿、行宫大殿、后土殿、清虚观、地狱等建筑，共有亭台楼阁300余间，是山西现存规模最大、具有代表性的道教庙宇，2001年，被列为第五批全国重点文物保护单位。

从书写着“蒲县胜景”的影壁起，沿着长虹磴道行走，即可见山门。掠过山门前的将军祠、土地祠、御马亭，便到达东岳庙的异常美妙的山门跟前。山门一层为过街券门，门上悬清乾隆年间的“岱岭横云”匾额，二层为有琉璃流光的歇山顶天堂楼，檐下悬挂“东岳庙”木匾。山门内左右两侧有歇山顶、覆盖琉璃瓦的钟鼓楼；山门北是一座二层建筑，一层为天王殿，内塑青、红、海、寿四大魔将。二层是凌霄殿，内塑东岳大帝黄飞虎父母像。凌霄殿左、右各有

山门

一名为“染香斋”、“会文轩”的阁楼，前有一悬空拱桥，名为“登仙桥”，可通天堂楼；穿过天王殿，便是为乐楼，上有木雕极其精美的戏台一座，正上方有“神人以和”四个大字，明间有“几声脆来余音绕画梁凤鸣竹管和松籁，数回舞罢长袖扬起华栋影荡芒林带柏香”楹联；戏楼北是一座明洪武年间（1368—1398）建造的看亭（议事亭），歇山顶，绿琉璃瓦剪边，藻井繁杂如花，亭前有两棵唐贞观年间的古楸树。看亭北有三孔石雕拱桥，名之金水桥；金水桥北是华丽精美的献亭，有四根雕刻精细的蟠龙石雕柱支撑，从柱础上“金太和六年（1206）”题记可知，献亭已经有800多年历史，为当地的石雕匠人所雕刻。漂亮美观的献亭后是整个建筑群的核心——东岳行宫大殿，重建于元延祐五年（1318），重檐歇山顶，开间、进深各五间，高大气派。大殿前檐下正中横木上是雷震子的塑像，周围还有若干悬塑神仙。殿内神坛上清乾隆年间（1736—1795）制作的精巧小木作暖阁，内有东岳大帝坐像、侍者像，阁前有二侍臣像；大殿北依次是两座硬山顶殿宇，前为后寝宫，后为供奉云霄、琼霄、碧霄三位送子娘娘的昌衍宫（又名“子孙圣母祠”或“娘娘庙”），两座殿宇内均有塑像；再往北，建筑为玉皇阁，内塑玉皇大帝像。两侧有一出入“地狱”的券

翠微亭

地狱故事《磨碾》

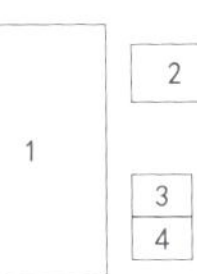

晋衍宫官吏
五岳殿（局部）
地狱第6殿“火炕”狱刑
地狱第4殿“拉锯”狱刑

门，从入口下到地下一层，有一组称为“地府上院”的建筑，沿着中间的十八台阶向下走，即是“地府”。地府由五岳殿和十王府组成。

十王府因塑有十殿阎君及十八重地狱，统称“冥府地狱”。此处为东岳庙塑像艺术精华所在，其以佛教“小乘经”中的地狱谷书为蓝本，塑造了令人恐怖的地狱景象。地点有城隍庙、鬼门关、黄泉路、奈何桥、望乡台、孟婆汤、忘川河、三生石等，有鬼王、日游、夜游、黑白无常、牛头、马面等各种鬼吏，以及“刀山、油锅、锯解、磨碾、割舌”等酷刑实施场景。中间还以《西游记》中唐王游地狱为线索，穿插了“龙王告状”“刘全进瓜”等故事。140多尊塑像，生动地呈现了古代传统社会的伦理与道德理念，以达到教育与警示古人的目的。

东岳庙有一副关于森林保护的对联特别有趣。民国初年，人们对东岳庙周围的树木砍伐严重，官府屡禁不止，遂把“伐吾山林吾无语，伤汝性命汝难逃”楹联悬挂在殿宇前，砍伐现象遂止。

旅游指南

交通： 在临汾火车站坐开往蒲县的公交车，从县城转乘景区交通车即到

门票： 30元

开放时间： 9:00～17:00（冬季）
8:30～18:00（夏季）

【隰县】

千佛庵

QIANFO TEMPLE

千佛庵位于隰县城西凤凰山巅一凸出的土台上，因寺内有佛像千余尊而得名千佛庵，后因重门额题“道入西天”，又为区别城南另一座明代寺院大西天，而更名为“小西天”，是一座始建于明崇祯二年（1629）、历经30年完成的佛教禅宗寺院。由于寺内大雄宝殿保存了我国现存仅有的明代描述西方极乐世界的彩塑群，1996年被列为第四批全国重点文物保护单位。

千佛庵坐西朝东，地势奇险，整体布局紧凑，殿堂相互穿插，空间利用巧妙，外形俯瞰上去犹如帆船，不禁让人想到佛语“慈航普度”。寺院分为前院、下院和上院。前院

2

1

3

1. 外形奇特的千佛庵
2. 大雄宝殿内精美的悬塑
3. 大雄宝殿佛龛前方柱上的悬塑

有地藏殿。下院由无量殿、韦驮殿、半云轩、钟鼓、摩云阁等组成。半云轩至今还珍藏有明永乐年间403—1424）刻印大藏经（史称“永乐北藏”），鲜少人。上院主建筑是大雄宝殿，左右配殿为文殊殿和贤殿。

千佛庵大雄宝殿，建筑面积有 169.6 平方米。殿内美绝伦的满堂明代彩塑是全寺最大的看点，这些彩大的高超过 3 米，小的只有拇指大小，集合了圆塑、塑、悬塑等不同形式。倒“凹”字形佛坛的正面五佛龛内塑有药师、弥陀、释迦牟尼、毗卢遮那和弥五尊主佛及胁侍菩萨，两山墙佛坛上则塑十大弟子

立像，如此标新立异的形制在山西寺观中堪称一奇。而殿
内最引人注目的莫过于从山墙到梁、柱、檩的木骨泥质悬塑
其构图气势恢宏，内容丰富。北壁表现三界诸天及佛传故事
南壁表现西方极乐世界。大小不一的佛教人物、飞天乐伎
多达 1800 余尊，或倾斜，或俯瞰，或曼舞，或飞翔，造型栩
栩如生；数不胜数的飞禽走兽、奇花异木、山水楼阁等饰物
场景与人物交相呼应，俨然一幅气象万千的西天胜景，为
独一无二的旷世奇珍。

堪称“中国悬塑艺术博物馆”的千佛庵不仅填补了中
国佛教彩塑艺术史上的空白，对研究明代佛教传播和地方
历史也有着重要意义。

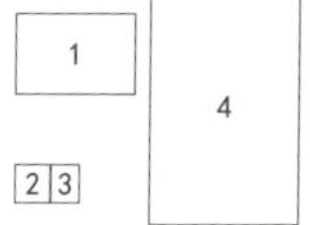

1. 大雄宝殿佛龛顶部悬塑“诸天”
2. 大雄宝殿阿弥陀佛与观世音、大势至菩萨
3. 大雄宝殿南壁佛弟子塑像（部分）
4. 大雄宝殿弥勒佛与法音轮菩萨、大妙相菩萨

旅游指南

交通：从临汾市坐长途汽车到隰县，再打车或在县城鼓楼乘公交车至北门口站后步行约 9 分钟到达

门票：35 元

开放时间：7:30 ~ 18:30（夏季）
8:00 ~ 18:00（冬季）

【汾西县】

师家沟古建筑群

SHIJIAGOU ANCIENT ARCHITECTURAL COMPLEX

师家沟古建筑群，位于临汾市汾西县城东南7千米处的僧念镇师家沟村，三面环山一面临水，景致优美。村落砖构窑式建筑宅院依山势而建，高低错落，鳞次栉比。古建筑群可以分成两部分，一部分是以师氏家族为核心的住宅区，一部分是由师氏家族的祠堂、节孝牌坊、手工作坊等附属建筑群，与其他姓氏族居住的宅院共同组成。2006年师家沟古建筑群被列为第六批全国重点文物保护单位。

该建筑群始建于清乾隆三十四年（1769），经嘉庆、道光、咸丰几朝扩建，于同治年间终止，占地面积10余万平方米。整体建筑依山就势面南而建，层层递进，错落有致。院落以四合院、二重四合院、三合院、三重四合院为主体，大小共有31个院落。各院落分别设正房、客厅、偏房、过厅、书房、绣楼、门房、仆人房间及马厩等。院落既连着街巷，相互之间又可互通。整个村落既有水平方向的相互穿插，又有垂直方向的互相渗透，借鉴平原地区多四合院的布局风格的同时，又充分体现了丘陵沟壑区窑上筑楼的

筑特点。绕村的约1500长的石条人行道，将居区和生产、公共活动、堂祭祀等区域分隔开。环道外建有酒坊、醋、染坊、豆腐坊、油坊、纸坊、当铺、盐店、药以及学堂、牌楼、祠堂附属建筑。师家沟古建群的文化内涵极其丰富，个院落建筑的照壁、柱、门楼、门罩等，几乎是集砖、石、木雕为一，垂花门、檐廊、槅扇雕刻十分精细，仅窗棂案就有108种，门额牌150多处。“东山气”“南寿”“北海风”“敦本堂”“清白家风”等题额，字迹浑厚，刚劲有力，处处彰显着封建社会耕读世家的文化地位。

近几年，在保护古村的同时，又在村外增加了许多新的旅游设施，如游乐设施、水系景观等，使师家沟成为闻名遐迩的热门旅游景点之一。

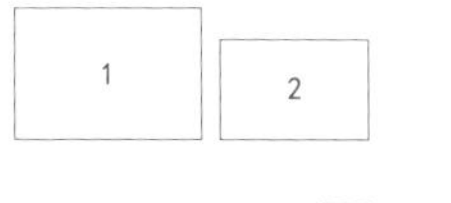

3
4 5

1. 师家沟古建筑群
2. 师家沟村口的古牌坊
3. 师家沟古建筑上的雕刻
4–5. 师家沟村口古牌坊上的石刻

旅游指南

交通： 从临汾汽车站坐长途汽车到汾西县后打车前往，也可从霍州东站打车直达

门票： 25元

开放时间： 8:00 ~ 19:00

山西东南部
（古上党）

○ **晋城**——太行首冲，古堡棋布
○ **长治**——上党旧治，唐王别驾

上党地区位于太行山南端，据太行山之巅，因险峻奇峰高耸入云，与天为党，古人名之“上党”。该地区东依太行，南向中原，西与古河东地区为邻，北与晋中市接壤，是防止古代游牧民族突破太行天险、进入中原的最后防御区，素有“中原屏翰、冀南雄镇”的美誉。

在农耕时代，上党盆地是风光绮丽、物华天宝、经济发达之地，因近中原王朝，文化繁荣。这里有“女娲补天”的传说，中华农业文明始祖——炎帝曾在这里的羊头山“种五谷、尝百草”，舜帝曾在南部的历山上躬耕、研究历法；孔子越天井关入晋国传道，路遇伶俐顽童，打道回府，留下“孔子回车”的故事……

扼守中原的上党地区，因其特殊的地理位置，不仅孕育了中华远古文明，也见证了诸多历史传奇。战国末年，在丹河两岸爆发了闻名于世的中国古代规模最大、最惨烈的秦赵大战——长平之战。汉高祖刘邦亲率大军入上党，击败与匈奴私密往来的韩王信。唐玄宗李隆基曾任潞州别驾，与潞州城里的文化精英在梨花园里吟诗唱和，登上皇帝宝座后，三次以至尊身份看望并赐恩上党百姓及友人。唐末，拥戴王室的沙陀将领、晋王李克用，与跟随黄巢起家、弑大唐皇帝、后建梁国的朱温，在上党地区展开拼杀。北宋帝国注重农桑，善待文人，发展理学，研究科技，但难以抑制居住在东北黑水河畔的女真人追求中原文明的野心，最终他们纵马越过上党，洗劫开封城，制造了“靖康之难”……

当历史在这块神秘的土地上演进的时候，一个个时代的杰出人物也相继从这里走出：东汉治边良将陈龟，隋文帝青睐的护法高僧、将净土思想系统化的佛学大师慧远法师，五代时期的“北方山水画派始祖”荆浩，北宋时期的天文学家刘羲叟，元代著名文学家元好问之师、教育家郝天挺及其名扬天下的孙子、忽必烈的得力谋臣郝经，治理黄河的著名水利专家贾鲁，明代协助张居正改革的杰出的财政专家王国光，清康熙年间历任多部门尚书和经筵讲师、《康熙字典》总裁官的文渊阁大学士陈廷敬，雍正初年（1723）的文华殿大学士、吏部尚书田从典，清代著名数学家、文献专家及藏书家张敦仁、中国现代著名乡土文学家赵树理，等等。

或许上党地区确实独得上天垂爱，其煤炭蕴藏量丰富，冶炼技术发达，是中国农耕时代冷兵器和民用铁器的主要生产基地，泽、潞商人凭借丰富的煤、铁资源成为中国晋商的先驱者之一。而占据中国古建筑 70% 的晋城古城堡、古镇、古村，也讲述着这方土地人杰地灵、商贾文人荟萃的历史真实。

踏上这片土地，除了去探寻漳河的秀美、太行大峡谷的奇妙、王莽岭的壮观外，还需要去欣赏古青莲寺唐、宋塑像，开化寺的宋代壁画，玉皇庙超凡脱俗的元代二十八星宿……而走进仿若古画中的村落，在秋日挂着玉米、豆角、柿子的院落里，喝口水、吃顿饭，享受一段悠闲的时光，状如游仙，甚美！

南涅水石刻

长治

龙门寺

大云院

观音堂

城隍庙

金灯寺石窟

法兴寺

崇庆寺

羊头山石窟

开化寺

仙翁庙

晋城

窦庄

湘峪古堡

柳氏民居

玉皇庙

皇城相府

郭峪村

砥洎城

海会寺

青莲寺

泽州县青莲寺 | 泽州县玉皇庙 | 高平市羊头山石窟 | 高平市开化寺 | 高平市仙翁庙
阳城县郭峪村 | 阳城县皇城相府 | 阳城县海会寺 | 阳城县砥洎城 | 沁水县柳氏民居 | 沁水县湘峪古堡 | 沁水县窦庄

晋城（古称泽州），山高延绵如碧波，深谷峭壁若斧劈，独立太行南端，俯瞰中原大地，是华夏农耕文明的发祥地之一。云海浩荡的王莽岭、曾经征战部队和商人来往的太行古道、悬崖上的挂壁公路、深山静谧的古村落等，都是其迥异自然风光与文化的呈现。晋城现有全国重点文物保护单位 72 处，其中古建筑占比最大——晋城保留宋至清的古建筑占山西现存古建筑的约 70%。羊头山北魏石窟与唐代古寺遗存，开化寺宋代建筑及其内的壁画，青莲寺的唐宋彩塑，泽州玉皇庙的宋元彩塑，明朝中期名臣王国光的故里天官王府、“中国北方第一古堡”及明末名臣故里——湘峪古堡、窦庄古城，“中国最美双城古堡”和帝师陈廷敬的故里——皇城相府，城河相济的郭峪古城，柳宗元后裔聚集地柳氏民居……这些受到国内外人们追捧的珍宝，都值得一一仔细观赏。在晋城最舒爽的旅行方式就是：驾车走在“太行一号”国家风景大道上穿云破雾，一边看国宝一边探究深山中静谧的古村落及其内的高门大宅。

【泽州县】

青莲寺

QINLIAN TEMPLE

青莲寺位于晋城市区东南 17 千米处的硖石山山腰。北齐天保年间（550—559）创建，初名“硖石寺”，唐代更名“青莲寺”。寺院分上、下两寺，南临珏山之翠峰峙列，下瞰丹河游走深谷，左看映照山庄古村，右望山峦叠翠。古寺坐拥山河，独得仙境，自古有“晋魏河山第一奇”之称。

青莲寺由高僧昙始、慧远创建。隋唐时期，这里涌现出一大批名扬海内的高僧（如善胄、灵璨、慧迁、辩相、不空金刚等）。以两位始创者为代表的佛门

大德，译经注疏，入皇都弘法，选任僧统，得“武少林，文青莲”之美名。传说极盛时，有“山田百顷，僧众七百，钟鼓之声与天籁齐名”。寺内现有八宝，分别是：唐宋风韵的殿宇、藏经楼、琉璃脊饰等;珍贵的唐宋彩塑;唐宝历元年（825）所刻《硖石寺大隋慧远法师遗迹记》碑及碑首上的线刻《弥勒说法图》；宋代五百罗汉名号碑；北齐龙华造像及罕见的密宗石刻；唐代慧峰大师塔和明代藏式舍利塔；“乳窦泉”和东魏石刻佛龛或堂题记；古子母柏和唐代雌雄同高的古银杏树。1988年，青莲寺被列为第三批全国重点文物保护单位。

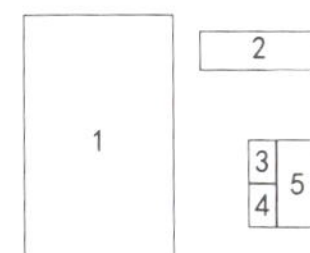

1. 俯瞰青莲寺
2. 下寺正殿唐塑一佛二菩萨二弟子
3-4. 下寺释迦殿菩萨塑像
5. 下寺释迦殿罗汉塑像

青莲下寺现存正殿（弥勒殿）、南殿（释迦殿）、唐代慧峰大师塔和明代舍利塔，其余已经在20世纪损毁。两大殿规模不大，仅为三开间，建筑亦非原物，但其殿宇内的塑像名闻遐迩，令世人瞩目。正殿内方形佛坛上供奉弥勒佛、佛二弟子迦叶与阿难、文殊菩萨、普贤菩萨6尊唐代彩塑，是全国现存三处唐代寺观塑像之一。主尊弥勒佛面相丰腴，形象壮硕，肩披大巾，腰围羊肠大裙，双腿自然下垂，气度超然。佛右侧塑阿难，脸庞丰满，双目清澈。佛左侧塑迦叶立像，精瘦老成。佛坛左右外侧须弥座上分别塑文殊、普贤菩萨像，两菩萨

后殿文殊菩萨塑像

后殿普贤菩萨塑像

上寺释迦殿所在院落内景

仪态高贵，丰肌秀骨，可谓中国现存唐代塑像最杰出的代言者。

下寺南殿现存彩塑 12 尊，佛坛上正面 5 尊是宋代彩塑精品。中为释迦牟尼，两侧是二弟子和文殊、普贤二菩萨像，这组彩塑继承了唐塑丰满盈润的风格和流畅的技法，又呈现出宋塑特有的艺术质感。塑像造型更加秀丽俊俏，具有娴雅清幽、富贵宁静的美感，更接近真实世人的仪态。

唐代慧峰大师塔原在丹河岸边（原有塔林），后迁至现在的位置。其束腰须弥座的束腰处，刻六尊吹横笛、拨琵琶、敲腰鼓、吹排箫、打拍板、拍镲的乐伎和两位舞伎，是研究唐代乐舞的重要史料。中间覆、仰莲花石刻间有迦陵频迦鸟。

上寺子母柏

上寺释迦殿东侧甬道

上寺释迦殿一角

上寺距下寺约500米，三进院结构。从立于石崖上的掖门入寺，前院南为天王殿、北为藏经楼，东西殿宇不存。藏经楼因地势抬高，主体砖石结构，四个檐角各端坐一位力士样貌的角神塑像，其头部正好在飞檐下部，起着支撑大角梁的作用。外墙上有仿木斗拱和精美的装饰图案，房脊上有精彩纷呈的琉璃脊饰。藏经楼上曾藏有许多珍贵的经书和镇寺之宝——慧远师傅捐赠的印度《贝叶经》，可惜的是，20世纪初经书全部散失；二进院由主殿释迦殿、罗汉堂（观音阁）、地藏阁构成。释迦大殿落成于北宋元祐四年（1089），殿宇四周竖立各代碑刻十余通，殿内现存释迦牟尼佛、二菩萨、弟子阿难像，体态健壮，为宋塑杰作。

罗汉堂、地藏阁创建于北宋建中靖国元年（1101）。罗汉堂的二楼有宋代观音菩萨和十六罗汉（明代重妆）。十六罗汉通体涂金，其雕塑技艺颇得宋代真传，犹如现实中修行的和尚，或清癯精瘦，或洒脱自然，个个生动，亦为宋乃至后世罗汉塑像之代表。罗汉

1. 上寺藏经阁
2–5. 上寺檐角力士、神兽、瓦当等

观音阁罗汉塑像

堂一楼藏宋代五百罗汉名号碑，是研究佛教史的重要资料；地藏阁亦为二层楼，塑地藏菩萨和十殿阎君，均为宋塑。

第三进院有大雄宝殿、东西配殿、厢房、斋堂，其中“子抱母”古柏甚是奇异，母柏已枯，子柏紧紧缠绕母柏，生机勃勃。古柏附近两株千年雌、雄银杏树，躯干粗壮，亦为青莲寺中的珍宝。

上寺东侧悬崖下的“乳窦泉”，乃一奇泉，无论旱涝，泉水不溢不竭，原有许多摩崖石刻，今多漫漶不存。

青莲寺对面的珏山不仅风光秀丽、奇壮，其山顶上一连串佛、道并具的古建也值得登顶一瞥。春天看青莲寺周围山花烂漫，秋天品其满山红叶。中秋礼佛之后，从上寺小门登上望月楼，看星光点点，赏“珏山吐月”美景，乃一大幸福之事。

1	2	3	4

5

1–5. 观音阁罗汉塑像

旅游指南

交通：晋城客运中心站每天有开往珏山景区的班车，其中有三趟在青莲寺经停

门票：免费

开放时间：9:00 ~ 17:00

【泽州县】

玉皇庙

YUHUANG TEMPLE

仪门

晋城泽州府城玉皇庙古称“玉皇宫”，位于府城村北，是古泽州地区最大的道教庙宇。该庙始建于北宋熙宁九年（1076），庙貌巍峨，古香古色，殿宇及其内的彩塑、壁画等保存完整，1988年，玉皇庙被列为第三批全国重点文物保护单位。

现存结构为三进院落，从中轴线依次为山门、仪门、成汤殿、献殿、玉皇殿，偏殿及东西配殿分别是十二元辰、十三曜星、二十八星宿、三垣、四神、关帝、高媒神、马王、牛王、蚕神等殿，这些殿宇里共保存宋、金、元时期的彩塑280余尊。其中，二十八星宿殿的元代彩塑最为精彩，被誉为古代人文主义和浪漫主义结合的代表之作。

主殿玉皇殿共有塑像51尊。主像玉皇大帝，彩绘金身，正襟危坐于神坛之上，似人间帝王化身。神坛呈“T”字形，玉

斗拱飞檐和檐角力士

二十八星宿之虚日鼠塑像

玉皇殿众侍女塑像

1. 玉皇殿主殿玉皇大帝及部分侍女塑像
2. 玉皇殿托宝瓶的侍女塑像
3. 二十八星宿之危月燕塑像

皇大帝两侧，站立两列侍从、女官（每列四位），靠北墙的左右两侧各站11位侍女，她们头顶用绸扎髻，脸庞或清丽俊俏或丰腴端庄，宽袖长袍，华丽典雅，整个场面看起来十分有排场。神坛之下站立多位文、武侍臣，其装束、表情、服饰、头冠等，犹如当时的现实人物再现，惟妙惟肖，令人过目难忘（部分重塑）。

玉皇殿的东西两侧偏殿不大，其塑像亦为宋塑，后人曾多次进行过修复，虽人物不多，不能与大殿侍女云集的排场相比，但也甚值得欣赏。

玉皇庙知名度最高的是第三进院西配殿——二十八星宿殿中的二十八星宿塑像。其雕塑者凭借丰富的想象力，将本是古代用来观测天象的二十八星宿化身为二十八位人物，使得民间对玉皇大帝的全方位信仰有了

1
2

. 二十八星宿之心月狐塑像
. 二十八星宿塑像（局部）

直接的参拜对象。

二十八星宿是人格化了的天界神灵，男女老少齐备，有书生、文吏、老将、武士等，老者的慈祥、妇女的端庄、文吏的稳重、武士的威猛，均刻画得栩栩如生。他们褪去了神仙高高在上的神性特征，降格为生活中的芸芸众生，有的拱手捧笏、有的驯狗饲羊，盘坐自如，动静相宜。特别是眉眼、目光、动作、发型等细节处的表现，使所塑人物充满了韵味，想象中的天神和凡间的人高度融合，达到了人仙合一、呼之欲出的艺术效果。如东方七宿之一的亢金龙，形象为青年妇人，头发直竖，怒目下视，双手倚扶云台，长裳及地；一侧的金龙盘曲蠕动，回首仰望。她是女像中唯一以发怒形象出现的，凤眼炯炯有神，喊叫状的嘴巴更加大了情绪张力，除有几分妖邪之气外，大大强调了其性格特征。南方七宿之一的翼火蛇，是一位吉神，其形象为武士，红颜怒发，三只眼圆睁，怒目而视，张嘴呈嘶吼状，双肩搭飘带，龙巾裹腹，腰间系裙，腹部以上、双脚及下肢裸露。其右手举蛇头部至空中，左手抚托蛇尾，有一种似乎要从神坛上走下来的运动美感，形象略显狰狞，却不失威武之态。北方七宿之第四宿虚日鼠，亦为吉星，其短发后拢，身着宽袖袍服，右手托起的手绢上有一小鼠，左手似做降服或安抚状，形象温婉，面目慈祥，被人们称为“最富魅力的东方圣母像”。

旅游指南

交通：在晋城客运东站坐到陵川县的长途汽车，在金村镇府城村庙门口下车，步行前往

门票：免费

开放时间：9:00 ~ 17:00

【高平市】

羊头山石窟

YANGTOUSHAN CAVES

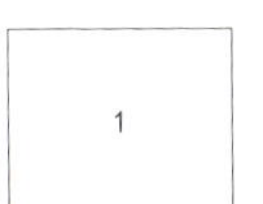

1. 唐代清化寺残存石雕
2. 山巅古塔

羊头山石窟位于高平市区北 17 千米处的羊头山南麓，因山巅巨石酷似羊头而得名，“羊头夕照”为古代“高平八景”之一。山腰处的北魏石窟造像、石塔和唐代大型石雕佛残像，在晋东南一带是弥足珍贵的。2006 年，羊头山石窟被列为第六批全国重点文物保护单位。

羊头山现存 9 座石窟均开凿在独立的岩石上，是南北朝时期佛教造像的典型风格，虽历经千余年的风雨侵蚀，多数雕像仍面目可辨。1 号石窟内部凿有一佛、二弟子、二菩萨和二天王，佛莲座下两个供养人屈膝而跪，仰首恭敬，菩萨手镯、耳环清晰可见。2 号窟的两个侧面有大小佛龛 22 个，大多是标准的一佛二弟子或二菩萨形式。3 号窟所在岩石稍大，是一石两窟形式。在岩石表面上开小龛若干。正南窟门外两侧雕菩萨，头顶高髻，肩披天衣，莲瓣形背光，线条流畅。窟门为凤鸟门，立柱上的两只展翅凤凰，羽尾在窟门上方交汇，呈火焰状。窟内正面雕佛及二弟子，两侧佛像密布，窟外有大小龛 30 余处。4 号窟较小，门外雕脚踏瑞兽的二力士，形象威武，神态生动。窟内石壁上雕佛、二弟子或菩萨像，窟背面密布小佛龛。5 号窟岩石上方有一石佛二石塔，无头石佛造型圆润，衣服褶皱等雕刻细腻。6 号窟所在岩石较小，南面一龛较大，正中坐佛两侧雕弟子跪像，装饰回字纹。7 号窟又称千佛洞，雕小佛达 1680 尊。窟门外两侧是高浮雕力士像，身形雄健，腿部有力，脚踏卧狮，栩栩如生，洞内四壁遍布小佛像；8、9 号窟损毁严重，已无法鉴赏。

值得关注的 4 号窟附近耸立着千佛造像碑，高 4 米、宽 1 米、

厚 40 厘米。其四面雕有 2000 多尊佛像，是名副其实的“千佛”。碑底部开小龛，碑正面下部龛内坐佛头部不存，侧面底部开佛龛两个，一佛二菩萨造型，发髻光滑，面相方圆，宽衣博带，肩膀较平，为北朝晚期风格。夕阳照耀下，高大的千佛碑在空旷的山头上似熠熠发光，实为羊头山最美的景致之一。

羊头山上，唐武则天天授二年（691）修建的古清化寺已经倾废不见踪影，但三尊丢掉头颅的千余年大佛、倾斜在地的巨大石刻莲花座，颇值得仔细品味。其具有简洁凝练的线条、丰润圆硕的身躯、肥美的双足、“曹衣出水”般的衣褶等，是羊头山绝不可忽略的雕刻精品。

羊头山巅有古塔两座，佛龛一座。佛龛用石材有 2 米多高，下雕卧羊，中间造龛，上面有顶，龛内置一佛二菩萨。卧羊雕刻已有些模糊，轮廓尚全。古塔圆形中空，和第 5 窟上的类似，只是要更大些。

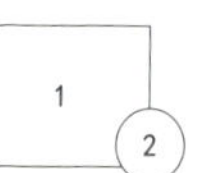

1. 3 号窟
2. 2 号窟（局部）

旅游指南

交通：从市区乘坐城际公交车到羊头山景区即到

门票：30 元

开放时间：8:00 ~ 17:00

山门（大悲阁）

【高平市】

开化寺

KAIHUA TEMPLE

开化寺在高平市区西北17千米处的舍利山腰上，青山环绕、峰峦叠嶂。寺院为二进院结构，由大悲阁（山门）、钟鼓楼、大雄宝殿、演法堂、延宾舍、维摩净室、观音阁、东西配殿及两庑组成。寺内保存着宋至明代建筑、中国现存的唯一一堂宋代寺观壁画、唐代大愚禅师舍利塔等，极为珍贵。2001年，开化寺被列为第五批全国重点文物保护单位。

开化寺初名“清凉寺”，后更名“开化禅寺”，再改为现名，创建于北齐武平年间（570—576）。根据寺外保存的《大唐舍利山禅师塔铭记》推测，至少在公元890年已有之。令寺院发展“继往开来”的扛鼎人物为精通音律的高僧——大愚禅师，他早期在洛阳、长安弘法，后至泽州高僧辈出的青莲寺修行，再至舍利山宣讲佛典要义。因作《心王状奏六贼表》并韵母三十六字，唐昭宗特赐土地上百顷（禅师只留十余顷），祠部三十八道，紫衣十道。大愚禅师声誉远播，使开化寺迅速兴盛起来。北宋天圣八年（1030），寺院更名为“开化禅寺”，熙宁六年（1073）开始动工重修大殿，历时

大雄宝殿西壁壁画佛传故事《太子出游》

大雄宝殿西壁壁画北侧如来左侧胁侍菩萨

19年方竣工；绍圣三年（1096），寺院请画匠绘制壁画；崇宁六年（1107）碑文写就；大观四年（1110），主持大殿重修及壁画绘制工作的住持沙门僧清宝亲自篆刻石碑。今宋碑立于大雄宝殿后檐东隅。

大雄宝殿内最精彩也是当代艺术家最为关注的为其东、西、北壁上的宋代壁画，共88平方米。东壁绘制“大方广佛华严经变”（简称“华严经变”），一共四铺；西壁与北壁西侧绘制“大方便佛报恩经变”（简称“报恩经变”），一共四铺；北壁东侧绘制“弥勒菩萨上生兜率天经变”（简称“上生经变”），共一铺。各铺画面气势宏大，人物众多，工法细腻，乃古代壁画不可多得的上品佳作，是我国现存宋代寺观壁画面积最大的一处。

这堂宋代壁画技巧高超，涉及面相当广泛，内容非常丰富，人物众多，极具写实感，深刻地反映了我国古代的生

活情景。描绘的人物包括宫廷帝王、贵族、官吏、贩夫走卒、农夫、织女、强盗等。表现出的情节也相当丰富，如写信、娶亲、迎佛、行刑、逃亡、乞火、弹琴等。描绘的建筑也相当多样，包括宫阙、楼阁、平房、茅屋等。虽然题材是佛教经变故事，但从人物及场景却可看到宋代生活的真实写照，反映了宋代社会文化的政治、科技、刑法等各层面，是宋代风俗人情最佳的历史见证，实可媲美《清明上河图》。

总之，弥足珍贵的开化寺壁画，不仅让人们看到了千年前的壁上绘画艺术，更清晰地了解了古人倡导的普世价值观，也为当今艺术理论研究者、画家、民俗学家、建筑学家、法学专家研究宋代建筑、信仰、法律等方面提供了重要的物质史料。

1. 壁画《华色比丘尼经变（刑场）》
2. 壁画《强盗入室》

旅游指南

交通：没有直达的公共交通，建议自驾，或从市区打车、包车前往

门票：免费

开放时间：暂不对外开放

【高平市】

仙翁庙

XIANWENG TEMPLE

仙翁庙又名“纯阳宫”，在高平市西北 10 千米处的伯方村，以供奉被尊称为“百
总圣仙翁”的张果老而得名，规模宏大，布局严谨，是当地著名的道教庙宇。

仙翁庙始建年代无考，现存山门、钟楼、鼓楼、乐亭及主殿仙翁殿皆为明嘉
十七年（1538）重修。庙里因明代壁画、精致繁复的木雕、工艺精湛的琉璃、极
妙趣的乐楼、趣味横生的卷棚顶抱厦和献殿前的长廊，而受到人文旅游者的特别关注
2013 年，仙翁庙被列为第七批全国重点文物保护单位。

仙翁庙建筑精妙，结构紧凑，布局合理，庙院十分开敞，为拜谒祭祀活动提
了很好的活动空间。仙翁殿为主体建筑，殿内供奉张果老塑像，似为新塑。殿内

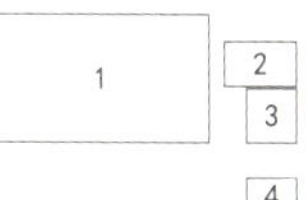

1. 仙翁殿东壁壁画《封禅出行图》
2. 仙翁殿西壁壁画《封禅归来图》
3. 仙翁殿西壁南侧壁画《炼丹图》
4. 山门

值最高的是其东、西山墙和北壁东、西梢间保存基本完整的壁画，大气、恢宏。北壁以张果老为中心，两侧神仙朝向主尊行进，构图严谨，层次分明。东山墙上描绘的是张果老赴西王母蟠桃宴会的情景，其神采奕奕、容光焕发，周围神将、玉女组成的仪仗队簇拥其前行。神将有举华盖者，有举幡者；玉女有奉珊瑚、灵芝者。彩色云气笼罩在仙班队列周围，彰显主尊张果老之神性，场面宏大，十分壮观。西墙构图与东壁相仿，唯仙仗队列的朝向相反，表示张果老从蟠桃会回到本邑。

旅游指南

交通：暂无公共交通直达，须自驾，或从市区打车、包车抵达

门票：免费

开放时间：暂不对外开放

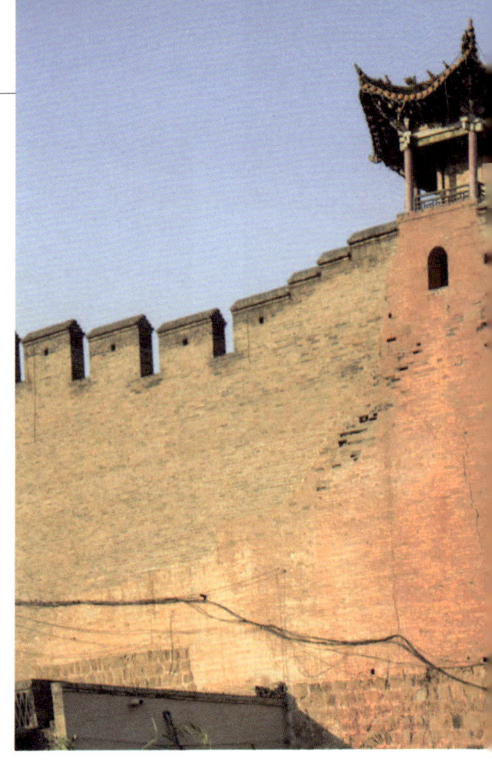

旅游指南

交通：出皇城相府景区北门，步行至对面即到

门票：65 元

开放时间：
8:00 ~ 18:00
（夏季，周五、周六 18:30）
8:00 ~ 17:00（冬季）

1. 郭峪村雉堞高墙和角楼
2. 汤帝庙外景
3. 汤帝庙主院落内景

【阳城县】

郭峪村

GUOYU ANCIENT VILLAGE

郭峪古城（村）位于阳城县北留镇与皇城相府隔河相望，是一座为防匪患而修造的防御性坚固古城堡。其城墙雄伟，城内豫楼高耸，古庙森严，官宅豪华，民居典雅完整地保留了古村落格局。2006 年，郭峪村古建筑群被列为第六批全国重点文物保护单位。

唐宋时期就建村的郭峪，历代人才辈出，考取功名者达 80 多人，有“金谷十里

长，才子出郭峪”的美誉。村里大户人家有陈、张、王等家族。儒家文化深深扎根于村人心中，充分体现在村落、户宅的建筑上。

村里现存建筑主要为明清时代所修。明崇祯十一年 (1638)，陈氏家族修建皇城村“斗筑居”。5 年之后，为抵御流寇袭扰，郭峪的大姓家族联合出资修建郭峪护卫城墙。城墙高 12 米，周长 1400 米，城内面积近 18 万平方米，有东、北、西城门 3 座，水门 1 座。郭峪城墙上开凿了 3 层 600 余眼窑洞，居住、防守功能兼备，被形象地称为“蜂窝城墙”，和湘峪古堡城墙相类似。20 世纪土地改革后，大家族的宅院被分，城墙因失去护卫需求而遭到损毁。村东一段城墙是 20 世纪 90 年代为发展旅游业重新修复的。村里的老院落至今还有 40 多座，著名的有老狮院、小狮院、陈氏十二宅、王家十三院等，里

汤帝庙上院内景

王维时故居

张鹏云故居

面还有不少村民居住。其他的民居四合院——晋东南地区典型的“四大八小”格式，也保存下来不少。从那挺拔的高墙、气势不凡的门楼、雕梁画栋的梁架以及各类精湛的木雕、石雕中，可以看到郭峪村当年的辉煌。

郭峪官宅的代表首推陈廷敬祖宅老狮院，在中道庄另辟新居之前，陈氏先辈都居住在这里。“老狮院”之名取自大门外的两座石狮。门楣上的三层木制匾额书写着陈家七代九位官员的官职和姓名，与门楼上的七条石阶相映衬，彰显了陈氏家族过去的荣耀。老狮院的结构布局很像棋盘，四座四合院组成紧凑的“田”字形平面，每幢大小都相等，结构布局也完全一致，一条前后纵向的巷道将它们分割成左、右两部分，每部分为前、后两院，朝向巷道的院落有门相通，四院之间也有小门相连。

郭峪村的制高点是高达 7 层的豫楼，它是郭峪村标志性建筑，是防守、对战、隐藏功能皆备的坚固堡垒。豫楼建于明崇祯十三年（1640），长 15 米宽 7.5 米，高 30 米，底层墙厚达 2 米墙体逐层递减，至第 7 层，墙厚减到 0.8 米。第一层是单孔砖拱窑，内有石碾、石磨、水井、暗洞，有两条暗道通到村外。第二层是三孔砖窑，正中门额上题“豫楼”。三层以上开五孔窗梁檩木板盖顶。七层之上四周是垛口方便观察敌情，其中间有一座阁楼取名“凌霄阁”。站在楼顶俯瞰，整个村及远处的形势了如指掌。除了城墙豫楼外，地道也是郭峪的防御系统不过久不使用，多已坍塌。

郭峪村曾建有大小寺庙 20 余座现保存最为完好的是汤帝庙，俗称“大庙”，修建于元至正年间（1341—1368）明清多有修缮。整座大庙建在一巨石上，从山门外面看是一层，进入庙内看是两层，其左右是高出山门一层的钟楼、鼓楼。山门后是倒座歇山顶戏台两侧的二层厢房，上为看楼，下为居室。

豫楼

【阳城县】

皇城相府

HUANGCHENG RESIDENCE

御书楼

这座位于阳城县北留镇皇城村的古代官宦家宅建筑群，是清康熙朝文渊阁大学士兼吏部尚书（加三级）、《康熙字典》总阅官、康熙皇帝的老师、一代名相陈廷敬的故居，2013年被列为第七批全国重点文物保护单位。

皇城相府是陈氏家族四代人在明末清初营造的，依水枕山而建，总面积约3.
万平方米，筑有城墙，分内外城。内城为“斗筑居”建筑群，外城为“中道庄
建筑群，共有古院落16座，是一座集官宅民居、宗祠、庙宇、书院、后花园、防御工事为一体的大型古堡。两建筑群之间及周围城墙全长约1700米，城门、城楼、堞楼、角楼等一应俱全，气势磅礴若想同时看到明清两代古建瑰宝，皇城相府是不二之选。

石牌坊

内城建筑多为明代遗构，由陈廷敬父辈们于明崇祯五年（1632）始建，依山就势，东高西低。以陈氏宗祠为中心四周建河山楼、藏兵洞、世德居、御史府、容山公府等。其中用于防御藏身的河山楼最为耀眼，它是皇城相府中最高的建筑，共七层，可容纳千余人，设计科学、巧妙。楼门悬于二层之上，古时须通过与地面临时架起连接的吊桥进入楼内凿有通往外界的密道和水井，碾磨等生活设施一应俱全，可储备大量粮

皇城相府外观

食以应对长期围困。另一处值得一看的则是设在东城墙的窑洞式藏兵洞，五层高，共有洞窟 125 间，各层间有暗道可直达城头，为战乱时家丁藏身小憩之处。藏兵洞西南侧的世德院内，有座中华字典博物馆，馆内印制于清康熙五十五年（1716）的《康熙字典》不要错过。

外城为清代建筑，是陈廷敬为孝敬母亲于清康熙四十二年（1703）所建，采用前堂后寝，左右内务府、书院、后花园、闺楼、官家院、望河亭等布局，建筑装饰富丽华贵，民间人称山西“小故宫”。入口处的御书楼是陈廷敬儿子——陈壮履于清康熙五十三年（1714）建造，珍藏了康熙皇帝盛赞陈廷敬的题字——“午亭山村”和“春归乔木浓荫茂，秋到黄花晚节香”的匾联刻成的石碑。进入外城后可见造型宏阔，铭刻着陈氏家族五代人所授官职的石牌坊，因对文教的重视，陈家在明清时科甲鼎盛，曾出现 41 位贡生，19 人中举，9 人中进士，6 人入翰林，可见其“中国北方第一文化巨族之宅”的美誉绝非浪得虚名。牌坊左侧就是外城核心历史建筑“相府”（陈廷敬府邸）——大学士第，又名冢宰第或总宪府，府内的点翰堂有康熙皇帝御赐的、携刻着褒奖之词“点翰堂”的匾额，以及半幅銮驾。此外，堡内的影壁、门楼、门墩石、柱础石上的石雕，也值得仔细欣赏。

旅游指南

交通：在晋城客运东站或阳城客运中心站坐直达景区的公交车便可轻松到达

门票：
120 元（4 月 1 日—10 月 31 日）
100 元（11 月 1 日—次年 3 月 31 日）

开放时间：8:00 ~ 18:00（夏令）
8:00 ~ 17:00（冬令）

【阳城县】

海会寺

HAIHUI TEMPLE

山门

海会寺位于阳城县城东 15 千米处的北留镇大桥村海会书院景区内，距离皇城相府约 2000 米，初名郭峪院，始建于东晋，唐昭宗乾宁元年（894）和宋太平兴国七年（982）分别敕赐名额“龙泉禅院”和“海会寺”，后经明、清重修、扩建成今日规模。寺院依山而建，沿中轴线由南向北依次建有山门、天王殿、药师殿、毗卢阁、伽蓝殿遗址、月台、大雄殿，东西两侧有配楼、配殿、别院、塔院等。2006 年，海会寺被列为第六批全国重点文物保护单位。

海会双塔

塔院内矗立着海会寺标志性建筑——海会双塔。两塔一南一北，一高一低，间距仅 20 多米，分建于不同年代。向西倾斜的低塔建于后梁龙德二年（922），以塔身外壁布满嵌有铁坐佛（现遗失殆尽）的佛龛而得名千佛塔，俗称唐塔，乃顺懿禅师圆寂后所建的“舍利塔”，高约 20 米，六角十一级，为密檐式砖塔。

高塔为楼阁式琉璃塔，名为如来塔，始建于明嘉靖四十四年（1565），塔高 50 多米，八角十三级，相较于唐塔，其设计、装饰更显奢华美观。塔身下三层砖石围筑；三层以上，各层皆砌出仿木结构塔檐和琉璃牙檐；第六层东西南北外壁各镶嵌一块三色琉璃堆塑画，内容为佛传故事等；第十层则是全国罕见的琉璃擎

海会寺外观

檐柱悬空楼阁，此层构件多为琉璃装饰，技艺精湛。

海会寺不仅是古刹名寺，还是三晋声名显赫的读书讲学之所。寺内别院为创建于明初的阳城第一书院，辉煌于明清，培养出沁河半数以上的进士人才，走出了明代礼部尚书王国光、张慎言，工部尚书白所知及清代刑部尚书白胤谦、文渊阁大学士陈廷敬等能臣干吏。

此外，寺内月台上的方形石柱，重建于明成化十五年（1479）的大雄宝殿，五代至清代的近百块碑额（其中有不少名人手迹）也值得一观。

琉璃

琉璃

旅游指南

交通：从郭峪古城坐直达海会书院景区的公交车即可

门票：130 元（海会书院景区），30 元（登塔）

开放时间：
8:00 ~ 18:00（夏令），8:30 ~ 17:30（冬令）

砥洎城外景

【阳城县】

砥洎城

DIJI ANCIENT CITY

砥洎城位于晋城市阳城县城东 13 千米处的润城镇西北。这座外形椭圆的小城建在三面环水的巨石上，如砥柱挺立中流，故名砥洎城（沁河润城镇段曾名“洎水”）。此城建成于明崇祯十一年（1638）。2006 年，砥洎城被列为第六批全国重点文物保护单位。

砥洎城城墙总长有 700 多米，南部外墙用青砖砌成，其他三面则多用鹅卵石砌就。城南门为正门，上书“砥洎城”，是城内居民地面上出入的唯一通道。明代，润城冶铁业发达，建造者因地制宜，将冶铁后废弃的坩埚作为城墙的主要材料，外包青砖，可谓铁壁铜墙，坚不可摧。坩埚是我国古代炼铁用的一种耐火容器，呈圆柱形或上大下小的台柱体，常

以耐火黏土烧制而成。用坩埚炼成的生铁，具有杂质少、纯度高等特点，用其造出的城墙，坚韧程度超过如今的混凝土，是筑城史上的特例。

砥泊城街巷布局犹如迷宫，处处凸显周密的防御功能。沿城墙有环城路，道路大都为丁字巷，街巷狭窄幽长、四通八达，主要巷口设有巷门，民居整体布局被划分为10个坊（现在只有“世泽坊”石匾尚存）。张府、鸿胪第、简静居（清朝著名数学家张敦仁故居）等都是城堡内的望族大宅。城内院落一般两进或三进，青石基、青砖墙、灰瓦顶。多为晋东南流行“四大八小”的建筑形制，东、西厢房为两或三层的砖石结构。正房一般为三层，各层均出檐廊，门窗、廊柱、护栏等附有精美雕刻装饰。如有耳房增建为望楼的则多是四层，方便眺望宅邸周围形势。此外，城内多有过街楼架在两侧宅院之间，不少院落间还有暗门通道，在便于族人往来的同时，也增强了防御功能。

坩埚城墙的登城踏步　丁字巷

时光荏苒，保存至今的《山城一览》碑上有砥泊城当时的建筑规划平面图，按图索骥，我们还可以了解这座小城堡里的很多细节。比如这里曾建有关帝庙、黑龙庙、三官庙、三圣殿、土地庙、文公祠、酆都殿等10多处祭祀场所，还有砥泊城最高的建筑——张敦仁故居里的望楼。

旅游指南

交通：从晋城市搭乘到阳城县的长途汽车，在润城镇下车后步行抵达

门票：45元

开放时间：8:00～19:00（夏季）
8:00～17:30（冬季）

【沁水县】

柳氏民居

THE LIUS' RESIDENCE

柳氏民居位于沁水县城西南 25 千米处历山脚下的土沃乡西文兴村，一座城堡式建筑，为唐代著名政治家、文学家柳宗元后裔于明清时期所建。村内至今完好地保存着“司马第”“行邀天宠”等宅院和祠堂、关帝庙、古街道、牌坊等，其石牌坊、古宅等及其内的石雕、砖雕等都是人们远道前去探寻的亮点。2006 年，柳氏民居被列为第六批全国重点文物保护单位。

柳宗元永贞革新失败后遭到流放，其后代离开河东老家，其中一支辗转东迁，最终定居在历山脚下的西文兴村。

该村代表性人物是明嘉靖年间（1522—1566）的乡进士柳遇春和清乾隆年间（1736—1795）的商人柳春芳、柳茂中父子。他们都曾经修建宅第和宗族祠堂，因被山合抱，其庄园又称为“环山居”。

柳氏民居最盛时占地百亩余。村内主要分南部的公共建筑区——牌坊街、柳氏祠堂、关帝庙、文庙等和府邸区——从“河东世家“进入，是一条内部街巷

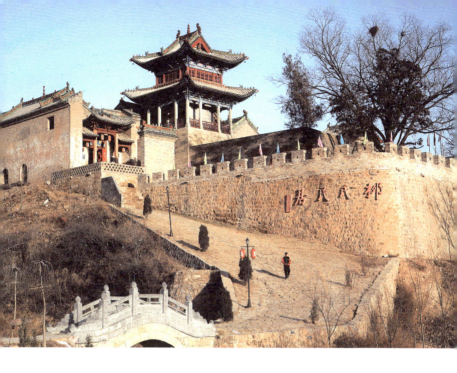

1. 柳氏民居全景
2. 西文兴村一瞥
3. 文昌阁
4. “丹桂传芳”石牌楼
5. “行邀天宠”院大门

连接一片居住宅院。

从村外路边缓坡进入城堡，就可看到关帝庙和魁星阁。其墙体下半部分，都是由凿刻整齐的石材砌就，至今仍有香客上香祭祀。进入魁星阁券门，是一座小广场，广场左侧即是柳氏祠堂，祠堂内供奉柳家始祖、春秋时期的名臣柳下惠。文昌阁后的横向小街上有两座石牌楼。第一座“丹桂传芳”牌楼是明朝廷为表彰柳琭在任时的政绩，于嘉靖二十三年（1544）修建；第二座为“青云接武”牌楼，是明朝廷为表彰该村柳氏第六代柳遇春的功绩，于嘉靖二十九年（1550）修建。每座牌楼下都有 4 只教化石狮，人们认为这 8 只雕刻精美的石狮暗寓从求学到入仕做官的不同人生阶段。

目前民居中保存完整的有 6 座院子，都是大致相仿的四合院。最西为“司马第”（柳氏捐官得职所修），清代复建的一进两院、二层楼式建

筑，门楼上的9层斗拱繁复华贵，门前的狮子、石鼓都有富贵兴旺的美好寓意。柱头、回廊及二层栏杆、栏板上保存着精美木雕。正屋边上有石阶上二层，也可通往后院。悬挂“行邀天宠”匾额的院子是被朝廷旌表的柳琭的住宅，门楼木雕精湛，图案寓意美好，如云纹与蝙蝠是“天降洪福”，莲花与桂枝是“连生贵子”，一根绳子串三个铜钱是“连中三元”，等等；“中宪第”是中宪大夫柳春芳的府第，门口背面上方有“锦玉满堂”木匾；另一座“天罗地网院”，传说曾保存着因柳家赞助朝廷北征而受皇帝赐予的宝剑。

1. 司马第门口石狮子
2. 司马第院落内景
3. 司马第大门

旅游指南

交通：沁水汽车站有开往景点的班车，或在县城树理广场站、南山公园站乘公交车前往

门票：60元　　**开放时间**：9:00 ~ 17:00

誥封中憲大夫柳茂中
司馬第

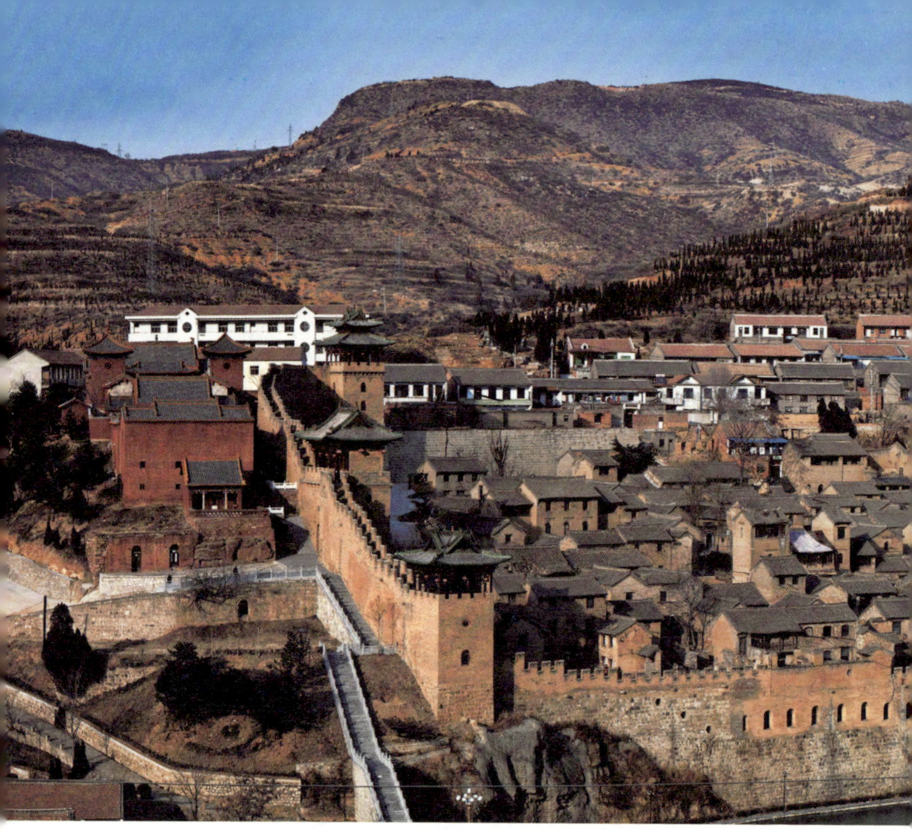

【沁水县】

湘峪古堡

XIANGYU ANCIENT CASTLE

沁水县的湘峪村东依樊山，西眺沁河，群峰环绕。山溪顺流而下，被冲刷磨光的石子在阳光的照耀下尽显五色斑斓。蔚蓝天幕下，满目江山，锦绣如画。这座民风淳朴的村落也因为依山傍水的特点，而将名字从“相谷”变成了“湘峪”。背山面河的湘峪古堡建在湘峪河谷北侧的山坡上，由孙居相、孙鼎相兄弟主持修建，竣工于明崇祯七年（1634）。古堡依山就势，规模宏伟，结构精巧，2006年被列为第六批全国重点文物保护单位。

站在远处眺望湘峪古堡，可以看到城墙和城内房屋上的拱形窗孔密密麻麻，有如蜂窝，民间谓之“蜂窝城”。走过新修的

青砖石桥，会看见城堡外围有一条宽20余米、长百余米的护城河，清风徐来，荡起涟漪。当年这里是阻击外来入侵者的“天堑”。古堡分内、外两城，外城辟有三门，西门已毁，现存东门、南门，东门曰“迎晖门”，南门曰“宸薰门”。南面、北面的几段古城墙虽年久失修，但整体结构保存尚好。南城墙沿村前溪流走向，在岸边悬崖峭壁上砌砖垒石，建有角楼、藏兵窑洞、马厩、马夫居住窑洞、挡水墙等。防卫城堡的藏兵窑洞直面城外，居高临下，可瞭望敌情，极富创造力。

1

2

1. 古堡全景
2. 三都堂外景

进入古堡，城内街巷“五纵三横”的棋盘式格局映入眼帘，其大多是弯曲的丁字形小巷。湘峪古堡内建筑首推三都堂，不仅是由于主人孙鼎相的声望，

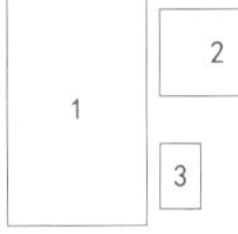

1. 堡门外景
2. 民居
3. 堡墙口晒太阳的人们

还因为其建筑本身的独特。由上悬“文武衡鉴”匾额的东南角门西折而进，不几步就到了三都堂正门，正门木刻匾额上书“四部首司”。全城的民宅以三都堂内高 5 层的望楼最为突出，很远就可以看到它的雄伟身影。三都堂望楼为砖石结构三开间，高达 25 米，外墙以极具艺术性的垂花门式砖雕装饰拱形楼和窗子，一到四层均南向开三窗，第四层东、西各开一窗，第五层硬山双坡顶，南向有廊，全明，其他 三面各开一窗。三都堂众多的窗户利于内部通风，也便于瞭望古城内外，是城内的制高点，霸气十足。

双插花院是湘峪又一座特色院落。该院子东北、西北角各建四层高楼一座，而正北中间堂房却只建三层，形成两边高、中间低的高低错落样式，外观恰似一顶古代双插花的官帽，因此得名“双插花院”。

旅游指南

交通：晋城市客运东站每天上午和下午各有一趟直达湘峪古堡的班车

门票:65 元　开放时间:8:00 ~ 18:00(夏季),8:00 ~ 17:00(冬季)

从古城楼上观望窦庄古堡

【沁水县】

窦庄

DOUZHUANG VILLAGE

尚书府下院门楼侧影

窦庄古建筑群位于沁水县嘉峰镇窦庄村，是沿沁河岸边而建的一座明清时期的城堡。古堡三面环水，背靠卧牛山，风景秀丽，人文荟萃，文化积淀深厚，2006年被列为第六批全国重点文物保护单位。

窦庄是一个以窦姓血缘依族而居的古村落，北宋元祐八年（1093），窦璘在先茔东南侧择地修府建宅，繁衍生息，逐步形成村落，窦庄因此得名，这也是窦庄古城的前身。当年窦家将一处名为“西曲里”的地方，划给当地张姓贫民，为窦家先冢守墓。张姓后来成为窦庄的一大家族。明天启年间（1621—1627），农民起义接连爆发，官至明大理寺卿、后赐兵部尚书的张五典告老回乡，出于保卫家园的考虑，参考北京城格局开始修筑窦庄城，因此今人又称其为“小北京”。

窦庄古城原有四大城门，楼高5至7丈，城墙高3丈、厚5尺，城楼下为砖券拱门，可关闭的城门中设兵室，可容兵卒四五人，上为瞭望台，护围垛墙。走在如今的窦庄里，街巷格局大体未变，长、宽

1. 街巷遗韵
2. 九宅胡同
3. 宅院大门

都约 500 米，现存古建筑 2 万多平方米。老宅大约尚存 2/3，还有几十处相对完整的院落。但新建筑越来越多，老房破败不堪，很多已是人去屋空，难觅昔日"小北京"风采。原有城堡外墙已圮，内墙仅剩几百米，唯小北门、南门尚在。原有的各类宗教建筑 10 多处，大多废弃且破损严重，其中佛庙为一进院，正殿坐北面南三开间，悬山顶，前出廊四根小八角石柱，上施大额枋。门枕石有元至正六年（1346）款。

村北古公堂由公堂和地牢组成。中央的厅堂建筑，走廊宽阔，石柱支撑斗拱飞檐，左右厢房高于主厅，距厅堂 20 米西南地下 5 米处有砖拱窑洞 8 孔，早已废弃不用。主房低、耳房高，有村里老人解释是张家私设公堂的变通。

尚书府是张家在瓮水滩的老宅，这里也是张五典的出生地，总体布局为棋盘式院落，总面积约 3800 平方米。院内建筑大都为四面合围的二层小楼，二楼中部有阳台，木制围栏，精巧实用，主房有前廊，

怡善
春臨吉宅永平安

廊前木柱直通房檐。

九宅院是窦庄目前保存最为完整的一个街巷，巷深 54 米，街巷两旁房屋错落有序，诸院相连，鳞次栉比。九宅是兵部尚书张铨之子、锦衣卫都督同知张道浚的府第，有九院，互相连通，俗称“九宅”，门头匾额为“进士”二字。胡同右首第一院为“燕桂传芳”院。明崇祯四年（1631），农民军王佳胤部攻掠沁水，张氏族人请张铨妻霍氏入堡避难，但霍氏毅然率族人与入堡避难的乡民坚守，激战四昼夜，围堡兵退去，此后窦庄获得了“夫人城堡”的美誉。此四字匾据说就是崇祯御赐，以表彰霍夫人的事迹。对面的司寇第，是过去的书房。胡同中间的过街楼，可以使两边院落互相连通。

1. 民居
2. 念修院
3. 挂有道光年间牌匾的院门
4. 大院门上的砖雕仙鹤

旅游指南

交通：从晋城市坐开往端氏镇的长途汽车到窦庄下车，或在沁水汽车站坐开往郑村的班车，到端氏站后步行抵达

门票：免费　开放时间：全天

长治

潞州区城隍庙 | 潞州区观音堂 | 长子县法兴寺 | 长子县崇庆寺 | 沁县南涅水石刻
平顺县大云院 | 平顺县龙门寺 | 平顺县金灯寺石窟

长治，古称“上党”，依偎在太行山的怀抱中，关山险固，碧水涟漪，素有“天下脊”的美称。旖旎的自然风光和悠久的文化景观遗存构成了长治山河壮美、厚土民魂的特征。太行山大峡谷位列“中国最美十大峡谷”之一，千峰竞秀，万壑争奇，绝壁千仞，悬瀑飞泻，高峡平湖，松翠梅红，太行水乡，稻香林秀，集北国雄姿与南疆柔美于一体。长治现存的历代人文景观也相当可观，现有全国重点文物保护单位73处，犹以几座以技艺精湛的塑像闻名的寺庙著称。建于十六国时期的法兴寺、北宋的崇庆寺、明代的观音堂不仅历史悠久、风格古朴，且保存完整，艺术价值极高，寺内的塑像也生动逼真，令人叹为观止。体验过游玩自然风光的畅爽，再来这些寺庙品赏一下彩塑，也足够惬意。

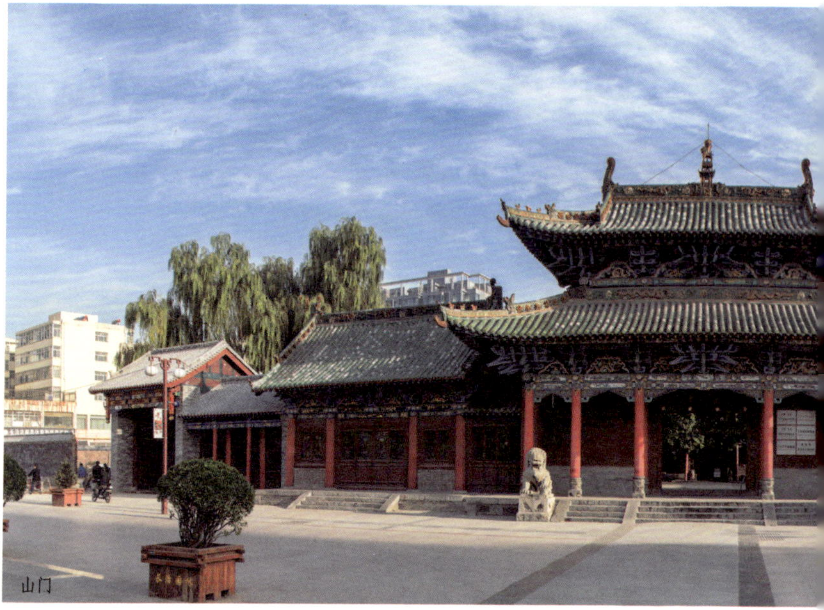

山门

【潞州区】

城隍庙
CITY GOD TEMPLE

潞安府城隍庙位于长治市区东大街，是山西东南部规模最大、轴线最长的道教庙宇，也是国内保存比较完整的府级城隍庙。古潞安府的城隍庙创建年代不详，现在可见最早记载是元至元二十二年（1285）重修中大殿。明弘治元年（1488）在庙内前院增建玄鉴楼，明弘治五年（1492）大规模维修，2001 年被列为第五批全国重点文物保护单位。

地处市区繁华地段的潞安府城隍庙坐北朝南，依中轴线自南向北是山门、玄鉴楼、戏楼、献亭、中大殿、寝宫，两侧是角殿、耳殿、配殿与厢房等建筑。潞安府城隍庙三进院落，前院左右各有碑廊 7 间，正面玄鉴楼为三层骑门阁楼，左右为配楼，背连戏台；中院左右厢房各 14 间，中为

正殿5间，左右耳殿各3间，另与厢房平行的还有东西耳殿；后院是寝宫，东西厢房各7间，院中有方形水池，后殿5间，左右耳殿各3间。

城隍庙戏台和玄鉴楼两者合一，北为戏台，面向献亭；南为玄鉴楼，两侧是东西戏房。玄鉴楼的南面下为入庙门洞，拱券式，向北前伸的戏台高于地面2米左右，下为通道。戏台恢宏，前檐下部由4根置于石柱础上的木柱支撑；正脊上有黄绿相间琉璃质二龙戏珠；正中宝顶为琉璃制，上面有明嘉靖年间（1522—1566）的重修题记。戏台承担着城隍祭祀活动中最重要的一项内容——酬神唱戏。

中大殿面阔三间、进深六椽，单檐悬山顶。为元代建筑风格，是城隍庙中年代最早的建筑。为增加建筑空间，当时的工匠采用了减柱法，将本该承重的前金柱减去，使殿内空间增大，一定程度上还节省了原材料。金元时期的用材多粗壮，很多梁架未加砍削加工，中大殿也不例外，直径70多厘米的原木粗细不一、弯弯曲曲，外表涂一层桐油即用。

城隍寝宫建于明洪武十二年（1379），面阔五间、进深三间，悬山顶。殿内塑城隍夫妇及侍女像。殿顶是蓝、黑、绿三色琉璃脊兽，色彩纯正，富丽堂皇。金柱上额仍存有明代壁画，内容为城隍出巡民间惩邪治恶等。

旅游指南

交通：在长治火车站打车或乘公交车便能轻松到达

门票：5元

开放时间：
8:00～12:00，13:30～18:30（夏季）
8:00～12:00，13:30～17:30（冬季）

庙前广场口的牌楼

庙内的中轴线

【潞州区】

观音堂
GUANYIN TEMPLE

观音殿

位于长治市西郊梁家庄村的观音堂，距市区约 3 千米，古柏苍天，殿堂玲珑，总占地面积 5722 平方米，建筑面积 350 平方米，建于明万历十年（1582），由梁家庄乡民集资修建。

观音堂规模虽小，却是一处儒、释、道三教合一的艺术殿堂，保存完好的明代悬塑让人叹为观止，500 多尊精美的大小塑像和繁复有致的悬塑，构成了令人惊讶的儒、释、道的妙华与神仙世界。2001 年，观音堂被列为第五批全国重点文物保护单位。

观音殿一反常规地非坐北朝南，而采取了坐东朝西的布局。小殿面阔三间，悬山顶。殿顶黄、绿两色琉璃吻脊，纹饰为蟠龙与西番莲纹样，形象逼真，典

殿内全景

观音殿十八罗汉塑像(局部)

1-3. 观音殿悬塑诸天
4. 观音殿悬塑自在观音

雅大方。门楣上挂明万历十一年（1583）部钦所题“观音堂”三个鎏金大字的匾额。殿内东、南、北三面墙壁、屋顶梁架、门窗顶部都是描金彩绘的彩塑、悬塑。殿内佛坛为倒“凹”字形结构，正面佛坛塑三大士像，中央为观世音菩萨，南、北次间为文殊菩萨和普贤菩萨像。观世音菩萨以左手后撑，右腿支起，右手顺势搭在膝盖上，左腿垂下，左脚跣足踏莲，闲适自然，前面的瑞兽回头望之。文殊、普贤菩萨亦是轻松坦然相，其前面的青狮、白象或卧或挺。三位菩萨背后是分别取材于《华严经》和《法华经》的经变故事。一为《华严经·入法界品》中“善财童子五十三参”的故事，表现童子不辞辛苦，向厨师、教师、医师、船家等 53 位善知识请教的场景；另一是《法华经·普门品》中观音菩萨救苦救难的系列故事，包括“推落大火坑”“堕落金刚山”“诤讼经官处”等场景。悬塑人物虽不大,但形态生动,祥云、怪石、佛寺布局错落有致，形成颇具观赏性的立体故事画面。观音菩萨像和背后的悬塑没有因为人物众多、空间局促而产生拥挤感，反而形成了组像的空间纵深感，构思奇巧，令人叹服。

当心间正面金柱间顶部塑三教祖师群像，中间是释迦牟尼佛，左右胁侍为文殊、普贤二菩萨和迦叶、阿难二尊者，两侧后方悬塑“佛日增辉”“法轮常转”八字；佛的左次间北是老子，左右为南

华、冲虚等四位真人，两侧后方塑“道德至尊”“出三界外”；右次间北是孔子及颜回等四位弟子，后塑“德配天地”“气贯古今”。大梁和平梁上，还巧妙地利用梁架落差塑出含有西方极乐世界内容的西方圣境，有佛像数十尊。

殿内两侧的佛台之上是十八罗汉塑像，各具神韵，特别是文殊菩萨身旁的睡罗汉，被著名雕塑家钱绍武誉为中国最美罗汉之一。他斜倚山石抚膝托腮，双眼微闭，嘴角微笑，神态悠然，蒙眬于睡与醒之间，似给人心胸宽广无所挂碍之感。罗汉之上为二十四诸天，是佛国的守护神，再上一层是十二圆觉菩萨，其各驾坐骑，有浓厚的民间艺术气息。圆觉以上还有第四层，南壁的第四层塑像内容是道教人物，有玉皇大帝、三官大帝、西王母、八仙等；北壁的第四层是儒教人物，为孔子的七十二弟子等。在狭小的空间

1. 观音殿悬塑《唐王接经》故事
2. 观音殿悬塑南极仙翁
3-5. 观音殿悬塑人物

里，明代匠人充分利用了每处空间，给所有神像安排了位置。视野之内，虽星罗棋布，却是井然有序，毫无杂乱之感。

总体来说，观音殿悬塑的制作正值佛教低潮与衰落期，造像世俗化、大众化、戏曲化特征明显，加上其具有中国民间特色的服饰，置身殿中，可以看到生、旦、净、末、丑各种角色，各种人物喜、怒、哀、乐的丰富表情和富有感染力的肢体语言，可以说里面的每一组故事场景，就是一幅生动的社会风俗画。如从北壁第三层到西壁，塑造的是明代民间宗教西大乘教中的“土木堡之变”“夺门之变”故事。故事中一位观音化身的吕姓尼姑曾经谏阻明英宗出征瓦剌，英宗不听，酿成“土木堡之变”，最后被俘。后英宗被放回，其弟将他囚禁，在此期间，吕尼又为他送水送饭。英宗经“夺门之变”重登帝位后，将吕尼封为御妹，并为其修建皇姑寺。悬塑中，着黄袍的英宗、执仪仗的护卫、持兵器的少数民族士兵等形象生动，极富动感，使整体看起来更像是一幕幕活生生的戏剧，突出反映了民间大众的工艺水平。而像这样的故事在悬塑群中随处可见，看起来颇有趣味。

旅游指南

交通：从市区打车或乘公交车至市医院潞州分院站后步行500多米即到

门票：60元　　开放时间：8:00～18:00

【长子县】

法兴寺

FAXING TEMPLE

舍利塔

旅游指南

交通： 长治客运中心西站有到慈林山的班车，在慈林山煤矿站下车后打车或乘公交车前往

门票： 15元

开放时间： 8:30 ~ 12:00
14:30 ~ 18:00

法兴寺位于长子县翠云山南坡崔庄村北，始建于北朝。唐上元元年（674），高宗赐寺名“广德寺”。宋治平年间（1064—1067）更名“法兴寺”，沿用至今。1988年，法兴寺被列为第三批全国重点文物保护单位。

历史上的法兴寺坐落于翠云山东方慈林山腰处的一个高台上。20世纪因煤矿过度开采造成采空区，为保证古建安全，经国家批准，文物部门将古寺整体迁移到现址，历经12年，到1996年才全部完成。这次迁址保护和永乐宫的整体搬迁类似，只是永乐宫迁址一事因为其壁画名气大、截取难度大而广为人知。搬迁到翠云山后，寺院布局依地形设计，因为建在山坡上，因此显得高大庄严。

沿石阶进入寺内，迎面就是号称“法兴三绝”之首的唐代舍利塔。这是座上小下大的三层重檐砖石建筑。上有石质仰莲、宝珠和塔刹。底座上似殿非殿的一层建筑内是类似莫高窟的中心柱，前后开门，人们在塔内可以行走，绕一圈从后门走出。四壁上最初曾有壁画。

唐舍利塔是唐高祖李渊第十三子郑惠王李元懿在担任潞州刺史期间主持建造的。据传他将珍藏的舍利子和《大藏经》赠送给寺院，保存在石塔里。于山门之内、大殿之前的中轴线上建塔，在汉传佛教寺院里很罕见。塔在寺中是古代印度早期佛教寺院的旧制，

拾阶而上便是山门

“法兴三绝”之一的唐代舍利塔

1

4

2 3

1. 文殊师利菩萨塑像
2. 普眼菩萨塑像
3. 净诸业障菩萨塑像
4. 清净慧菩萨

东传后的佛教中国化，塔逐渐从祭祀中心迁到寺院外围，供奉佛、菩萨等偶像的殿堂成为寺院的核心建筑。法兴寺的这个模式或许有早期佛教建筑的痕迹，唐舍利塔是座独特的早期异形塔。有人认为此塔原为多层塔，后损坏成现状。在舍利塔前的左、右侧分别有一座三层的八角小唐塔和拱卫方形的舍利塔，造型也很古朴。

舍利塔后的燃灯塔是法兴寺的第二绝。这座精巧的小塔始建于唐后期的大历八年（773）。燃灯塔即长明灯台，是佛教寺院里的供奉器具。此塔雕刻精美，寓意吉祥，最下部的底座上雕刻12只造型各异的瑞兽。其上是须弥座，束腰处雕刻正在演奏乐器或激情舞蹈的乐人若干，仿佛一支正在演出的小型唐代乐舞。上面是覆莲花瓣盆，雕有8种吉祥花卉图案的相轮。再上面是四面开小窗的灯室，以安放灯具。灯室上有仿木屋檐、宝珠，束腰隔柱上刻有“唐大历八年清信士董希璇于此寺敬造长明灯台一所”字样。小塔多处损坏，但不伤其核心魅力，优于太原童子寺那座漫漶不清的北齐燃灯塔。

小塔后，高台之上矗立着法兴寺第三绝，也是最重要的建筑——圆觉殿。圆觉殿创建于后晋开运二年（945），北宋元丰四年（1081）重建。石基上的大殿面宽三间、进深六椽，单檐歇山顶，举折平缓，出檐深远，石质檐柱，柱面有阴刻缠枝花纹，柱头有普柏枋，斗拱仅施柱头铺作，简洁大气。殿前檐明间辟板门，石质门上槛刻建造题记，次间为直棂窗，后檐中间开木门。梁架结构为宋代风格。整体观感一如崇庆寺千佛殿，更显高大庄重。

殿内现存彩塑22尊，居中是一佛、二弟子、二菩萨、二力士组成的标准唐宋佛坛佛像群。两侧沿墙坛上是12尊圆觉菩萨像，造型俊美，工艺极精，堪称宋代彩塑佳品。佛背后有观音和二胁侍菩萨。

正面主佛及文殊、普贤二菩萨在高大莲台上端坐，神态安详。主佛金身，头戴宝冠，有人以为是受到密宗影响。左、右菩萨装扮则十分平民化，尤其西侧普贤菩萨，从神态到装饰让人以为是位宋代很有教养的中年妇人，优雅娴适。

圆觉意为圆满的灵觉。圆觉殿之名来自殿内供奉的12位姿态优美的圆觉菩萨。其优美的身姿来源于唐宋时期比较流行的《圆觉经》。《圆觉经》分12章，其内容是12位菩萨和佛祖之间的问答。12位菩萨里包括文殊、普贤、普眼（观音）、金刚藏四大菩萨，还有弥勒、清净慧、威德自在、辩音、净诸业障、普觉、圆觉和贤善首菩萨。但据说在法兴寺周围信众心目中，这12位菩萨各另有名号，也算是一种地方版的圆觉释义。

殿内的12位菩萨分别端坐于各自的小莲台上，外观大小统一，在衣饰、身姿上又各有千秋。工匠们应该是借鉴了现实生活中的若干人物造型，并融入其中。这12尊塑像的成功恰恰在于工匠们的创造性发挥，让泥塑和现实中的人结合起来，给人一丝亲切感，但又保持着庄严和神圣。这对宋代虔诚的信众来说，在视觉和精神深处都产生了深刻的影响。

中国古代社会长期不重视艺术和手工业群体的培养，认为其是“细枝末节”，故现在大部分艺术瑰宝的创作者无从查考。法兴寺的塑像作者的名号得以流传下来不能不说是个难得的例外。在《慈林山法兴寺新修圣像记》中记载了塑像的建造时间为宋政和元年（1111），“塑匠人冯宗本，画匠人陈道荣、吕荣”。除此之外，我们在其他地方找不到有关他们更多的记载。圆觉殿的彩塑群此后虽经多次修缮，但其原始形态没有发生根本改变，可谓中国宋代彩塑的杰作。

1. 普觉菩萨塑像
2. 普贤菩萨塑像
3. 圆觉菩萨塑像

【长子县】

崇庆寺

CHONGQING TEMPLE

崇庆寺位于长子县东南 22 千米处的紫云山山腰，建于北宋大中祥符九年（1016），因宋代建筑和彩塑闻名。崇庆寺由天王殿、千佛殿、卧佛殿、大士殿、地藏殿等殿堂组成一进院布局，1996 年被列为第四批全国重点文物保护单位。

千佛殿矗立的石基上，须弥座束腰上雕花卉图案，间柱雕高浮雕瑞兽，轮廓突出台基的边线，做背负状，尽

管风化严重，其形象依然较为清晰，这一早期台基上的石雕十分罕见，体现了古人的创新和情趣。殿前有一座高 1.5 米左右的石幢，落款为唐天祐九年（912）。天祐是唐最后一个年号，天祐四年（907），朱温建后梁，是五代的开始。但当时有山西的李存勖和后梁对立，仍沿用唐年号，这座经幢就来自那个年代。

千佛殿是主殿，面阔三间、进深三间，歇山顶，被学术界公认为是宋代小型歇山顶木结构建筑的杰作。屋顶举折平缓，出檐深远，明间是木板门、破子棂窗，檐柱向内倾斜，侧脚明显，屋顶负荷向中心汇合。阑额、普柏枋俱全，仅有柱头斗拱，补间无铺作，简洁大气，梁架、斗拱均为宋代原构，保存完好，是宋代早期建筑风格。进入殿内又是另一个激动人心的世界：佛坛须弥座上均为坐像，居中释迦牟尼佛，前有毗卢佛，左、右二菩萨。毗卢佛之外三佛像

1. 千佛殿全堂塑像
2-3. 千佛殿观音塑像
4. 三大士殿全堂塑像

下的须弥座均较高挑。佛背后倒座观音，二菩萨背后各塑一观音立像。这个位置上的立像很少见，或是明代佛像重装时所做。一佛二菩萨的背光仍然华丽光鲜。东、西、北三面墙壁上原密布排列整齐的小佛，千佛殿的名字正是由此而来，现在只在西壁上部还保存了160多尊。塑众多小佛的殿宇在很多佛教寺院比较常见，如羊头山上的千佛碑、石窟内壁，镇国寺的万佛殿壁画，晚期如五台山大显通寺铜殿内均有。此处的千佛是泥塑，想其完好时，走入殿堂内会让人感到走进了无限美好的佛国世界、人们心中无忧的净土。

西配殿是大士殿，面阔三间、进深六椽，悬山顶，外观是清代以来修缮的样子，殿内梁架结构还多是宋代原物。低矮的佛坛上供观音、文殊和普贤三菩萨，佛教合称“三大士”。三位菩萨气定神闲，衣饰雍容华贵，衣裙褶皱波动均好似定型一般，栩栩如生。座下坐骑犼、狮、象也如真兽般活灵活现。三菩萨两边是崇庆寺内艺术价值最高的十八罗汉坐像，如真人大小的罗汉基本在1.6米左右的高度。如果说三菩萨是上层社会的贵妇，那么这些罗汉的造型、表情和服饰更接近芸芸众生。匠人们的脑海里一定汇集了众多周围人物的形象特征，在罗汉的五官、手足、衣装上塑造采取了写实手法，通过人物的动作带动人体肌肉和衣服的褶皱变化，十分真实。至此，佛教的中国化也彻底完成了，佛和弟子与民间的关系已经变得十分亲切。佛台下有北宋元丰二年（1079）的题刻，这也是国内很少见的早期塑像艺术题记。大士殿宋塑和佛光寺、南禅寺佛坛唐塑以及镇国寺佛坛五代塑像、法兴寺十二圆觉菩萨、玉皇庙二十八星宿元塑等，都是

1. 三大士殿普贤菩萨
2. 三大士殿观音菩萨
3. 三大士殿文殊菩萨

早期塑像艺术的精华，堪称国宝，是山西早期文明艺术体系中重要的组成部分。

千佛殿西北侧还有地藏殿，殿内有明塑地藏、十殿阎君像。寺内东南侧立清嘉庆三年（1798）《崇庆寺重修碑志》记："迨宋大中祥符九年（1016）而寺始建，千佛殿居其北，卧佛殿居其东，大士殿居其西，天王殿居其南，东南立门，门之东建关帝殿，西北建十帝并鬼王殿，西南又立给孤独长者殿，东北一院则为禅舍。"崇庆寺的始建年代据此推断为北宋中期的大中祥符九年（1016），现存千佛殿和大士殿木构应是这次初建的建筑，距今 1000 余年。碑上说的寺内建筑相对位置和名称与现在大体类似，只有西北鬼王殿不存。

崇庆寺南侧 200 米是修缮一新的护国灵贶王庙，当地人按照方位称此为"前寺"、崇庆寺为"后寺"。护国灵贶王庙是祭祀后羿的庙宇。北宋徽宗时追封后羿为护国灵贶王，派员到屯留三嵕山祭奠。民间认为三嵕山神求雨最为灵验，后各地多建起护国灵贶王庙或三嵕庙，"后羿—雨神"崇拜成为晋东南一带的特色民间信仰，长治各地现存不下几十座这类庙宇。据记载，紫云山上的这座护国灵贶王庙始建于北宋宣和四年（1122），现中轴上由南至北依次为山门、月台、正殿、寝宫，皆为明清建筑。崇庆寺和护国灵贶王庙互为近邻、一佛一道，共同成为紫云山一带民众的信仰所依。

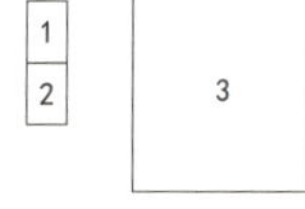

1. 三大士殿苦行罗汉塑像
2. 三大士殿坐鹿罗汉塑像
3. 三大士殿布袋、如意罗汉塑像

旅游指南

交通：崇庆寺距离法兴寺约 8 千米，无公共交通可达，欲参观两寺，建议自驾、打车或包车较为方便

门票：35 元　　**开放时间：**8:30 ~ 12:00，14:30 ~ 18:00

【沁县】

南涅水石刻

NANNIESHUI STONE SCULPTURE MUSEUM

旅游指南

交通：坐火车至武乡高铁站，转乘公交车到沁县后，可选择步行、打车至景区，或乘公交车至二郎山山脚下后步行约 200 米抵达

门票：免费

开放时间：
9:00 ~ 17:00（冬季）
9:00 ~ 17:30（夏季）

1. 展览馆大门
2. 馆内展出的部分石刻造像塔
3. 造像塔林中的造像碑（局部）

1958 年，文物考古队在沁县北部与武乡交界处的南涅水村，相继发掘出北魏至北宋时期的石刻、造像 1000 多件。为何能在这样一个偏僻的小村发现如此多的古代石刻造像？这成为一个谜，令人们百思不得其解。南涅水地处太原进入上党地区的古道，至今还有佛教寺院和石窟遗址保留，这千余尊精美石刻很可能来源于南涅水附近的洪教院（唐宋时期为洪教寺）。有专家推测，宋金时期战乱不止，这些珍贵的石刻造像可能是佛教徒主动掩埋保护起来的。2013 年，南涅水石刻被列为第七批全国重点文物保护单位。

20 世纪 80 年代，文物部门在沁县二郎山上投巨资修建了一座仿明清建筑的南涅水石刻博物馆，专门保存、展出南涅水石刻。展馆分为南、北、中三院。南院共 9 个展厅，展出北魏至北宋跨度约 500 年的几百件南涅水石刻造像。其展品分为造像塔、单体造像、造像碑、铭文碑等几种形制。以造像塔为主的石刻有 400 多件，是现在所知数量最多的北朝造像塔，其形制是将石材雕琢为正方锥体，逐级缩小，从大到小依次向上码放，五节、七节不等，每块石材四面开龛，以佛教人物和佛传故事

为中心，四周装饰各类鸟兽和花卉等吉祥图案。

南院居中的展厅最大，造像塔排列整齐，每个佛龛都是一幅精美图画。佛、菩萨、罗汉、供养人、飞天的形象和二佛并坐等佛教故事图，勾勒出古代佛教徒心中的佛国世界，再现了约1500年前北方的建筑、服饰文化和当时的审美情趣。东、西两侧展厅里是单体造像和造像碑、铭文碑，其中最大的北齐造像高2.6米，最小的五代宋造像仅十几厘米高。

中院除重点陈列康熙《千字文》、陶渊明《拟古杂诗》等名人手迹和碑碣拓片百余件外，还展出了收集来的大小佛像、经幢十多座，其中数尊不能分辨出年代的菩萨形体圆润、线条流畅，虽无头颅，仍不失其美姿。

北院是铜鞮（铜鞮是古时沁县名）碑林，碑廊里可以观赏到从沁县各地收集来的历代寺庙石碑、墓志铭等100余块。

【平顺县】

大云院

DAYUN TEMPLE

院门外景

平顺大云院，又名大云寺，位于平顺县西北 23 千米处的实会村北侧龙耳山腰。据寺内历代石刻记载，浊漳河北的大云院初建于五代后晋天福三年（938），当时的执政者正是历史上著名的“儿皇帝”石敬瑭。其最初的名字仙岩院很朴素，反映了寺院地处石山脚下的地理情况。主殿弥陀殿建于天福五年（940），后周显德元年（954）建寺前的七宝塔，北宋时寺名改为大云院。1988 年，大云院被列为第三批全国重点文物保护单位。

旅游指南

交通：暂无公共交通直达，建议自驾或从长治客运东站坐长途汽车到平顺县后打车、包车前往

门票：20元　　开放时间：8:00 ~ 18:00

俯瞰大云院

人们还没进寺，就会被寺前的一座精美石塔吸引。这座青石雕刻的八角七宝塔原有 7 层，现存 5 层。莲花瓣底座上的第一层雕造飞马、狮子、麒麟等吉祥瑞兽。第二层束腰上是形态优美的 8 幅百戏石刻图，图中人物或挥舞长袖，或吹奏跳跃，栩栩如生，甚是美观，是中国戏剧发展史上重要的实物资料。第三层南面小门上雕有二龙戏珠，门侧是威武的天王力士像，令人想起著名的门神秦琼和尉迟恭。背面是金元时期常见的半掩门装饰造型，这处是五代佛塔上采用此造型较早的一例。第四层前后都装饰假门。第五层是大圆盖宝珠顶。据介绍，此塔曾被盗并倒塌，虽经抢修，但因石塔处在寺外，安全问题还是让人担忧。

香积菩萨及侍者壁画

千年风云变幻，大云院已无往日之盛况，只剩下一组二进院结构的院落。大云院中心建筑为弥陀殿，是五代时期的遗物，近几年重修，单檐歇山顶，面阔三间，唐风浓郁。大殿出檐深远，两翼直伸到东、西配殿的上方，大气稳重。8 根立柱支撑的梁架和很多构件还是五代原物。大云院大殿也是现存古建筑中使用普柏枋这一构件的最早实例。据研究，大殿用材符合北宋《营造法式》中规定的四等材规格，是唐宋间古建演变的重要标本。精美的梁架结构、众多的斗拱构件之间，在传递着一种协调的美。寺内其他建筑如天王殿、后殿等，都是清康熙年间（1662—1722）山洪暴发以后重建的。这里和不远处的龙门寺西配殿、平遥镇国寺万佛殿，是全国仅存的三处五代时期原装木结构建筑。

大云院的精华是弥陀殿残存的 21 平方米壁画，尽管从远处看已经模糊不清。东壁上是维摩诘经变故事：维摩诘居于北侧，身着魏晋时期的服饰，手执拂尘，坐于设有帐幔的坐榻上，坐榻平面为长方形，周围雕束腰壸门，四角立柱，上设宝帐，榻后置屏风，帷幔缠于柱间。榜题曰："须弥山化菩萨众、东方取狮子座处、天女擎花、香积菩萨、舍利佛、文殊菩萨。"维摩诘在激扬诉说主张，文殊菩萨相对而坐，若有所思。背景人物众多，表情各异，与核心人物相呼应。上方是衣袂飘飘的飞天：一位飞天的姿态好似飘浮在半空中，独具风韵。正门扇面墙背后是《西方净土变》壁画，画面上部、中部绘有塑像背光。天宫楼台殿阁重叠，诸天菩萨朝会场面宏大。楼台侧面的6尊伎乐天宽袖长裾，翩翩起舞，或吹笛或歌唱或跳跃，舞姿优美。在拱眼壁和阑额上还保存了11平方米的彩绘。

弥陀殿壁画的人物形象肌肉丰满，面相圆润，菩萨旖旎俊俏，天王泰然自若，老者苍劲豪爽，神将勇猛威严。画法上承晚唐焦墨薄彩的风格，画面色彩除边涂铅粉外，多以青、绿、白、朱红、土黄为主，辅以少量的赭石和棕色，深沉古雅。冠带、簪花、璎珞、帔帛、飘带及刀、剑、叉、戟等武器，均沥粉贴金，更增加了画面的富丽堂皇之感。五代时期的历史遗物很少，大云院弥陀殿残存的五代壁画是中原佛寺壁画的孤例。

仅存的这点遗迹就已让人感慨，1000多年前，走进墙壁上绘满壁画的大殿，那美轮美奂的场景会给人带来什么样的心灵感动呢？尽量保持墙体稳定，尽量延续壁画的寿命，让后代欣赏到千年前的杰作，是所有人的愿望。

大殿周围的北宋初期石经幢和历代碑刻，记录着大云院的过往岁月，也是十分宝贵的石刻文献资料。

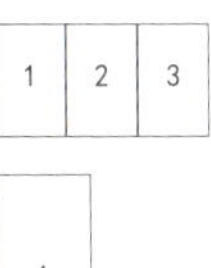

1-3. 东壁壁画《释迦如来说法图》中菩萨之一（局部）
4. 七宝塔
5. 七宝塔第三层券门右侧（东南）天王造像
6-8. 第二层束腰上之乐舞伎造像

寺院全景

【平顺县】

龙门寺

LONGMEN TEMPLE

龙门寺原名“法华寺”，又名“惠日院”，在平顺县东北 65 千米处的石城镇源头村西北隅。此地谷内岩石凸起，形如龙首，故曰“龙门山”。寺建于此，初名“法华寺”，后因山得名。至宋太平兴国年间（976—984），赐额“龙门寺”。1996 年，龙门寺被列为第四批全国重点文物保护单位。

大雄宝殿壁画上的佛与菩萨

龙门寺始建于北齐，五代至宋皆大兴土木予以重修。现在的龙门寺坐北向南，建筑格局上还可以看到三条主线。其中中线现有三进院，龙门寺的文物和旅游价值集中在中线建筑上。东、西线院落是晚清、民国建筑，以库房、僧房为主。这片不大的院子里集中了五代、北宋、金、元、明、清 6 个历史时期的建筑，在全国独一无二，是名副其实的“中国古代原装木建筑博物馆”。

中线的山门和天王殿合一，山门左右有清代晚期的龙凤照壁。面宽三间，单檐悬山顶，平面呈长方形，柱头卷杀明显；补间铺作仅当心间一朵；殿内设中柱，四椽栿两端于中柱上对接，门窗设在前檐柱上，是金代建筑风格。

走进山门，前院的西配殿是龙门寺现存最早的建筑，始建于五代后唐同光三年（925），三开间悬山顶，保留了唐代风格，也是现在已知的唯一一座五代时期的悬山顶木建筑。院内的尊胜陀罗尼经幢立于五代后汉乾祐三年（950），上面记载了当时龙门寺的情况和西配殿的建造时间。

前院中间的大雄宝殿建在1米多高的台基上，石门楣上刻有建造年代，为北宋绍圣五年（1098）。殿内东、西侧墙壁的残损壁画从手法上看是明清作品，内容以各个菩萨像为中心。在梁架上也有多处明清彩绘。

大殿四周墙壁上镶嵌多块石刻，其中一块记录了多首游记内容的古诗。台基上有历代碑刻若干，台阶下也有很多残存的石构件。东北角石柱上刻着金代大定年间（1161—1189）来此游历的官吏题记。后殿是燃灯佛殿，面宽三间，单檐悬山顶，梁架和构件都取材自然、稍经加工，在墙体上可以看到弧度很大的弯曲横木外露，这是十分明显的元代

大雄宝殿壁画上捧花瓶的侍女

建筑特征。旁边是民国时期的僧房。前院的东配殿与五代的西配殿相对，重建于明弘治年间（1488—1505）。后殿东侧的是清代建筑，寺院布局还基本上保留着宋代布局特点。

此外，寺内还保存着宋代以来的石刻、造像、壁画等诸多珍贵文物。龙门寺西侧有埋葬历代住持与当家和尚的墓地塔林，是研究龙门寺的重要史料。

旅游指南

交通：没有公共交通可达，建议自驾，或从县城打车、包车抵达

门票：20元

开放时间：8:30 ~ 17:00（冬季）
7:00 ~ 18:30（夏季）

【平顺县】

金灯寺石窟

JINDENG TEMPLE GROTTOES

金灯寺位于平顺县杏城镇背泉村附近的深山中，距平顺县城约 65 千米，在与河南林州市交界处，始建于北齐，初名宝岩寺，后因有金灯夜飞入寺而得名。现存石窟造像为明代遗物，寺内建筑也是明清所建。2006 年，金灯寺石窟被列为第六批全国重点文物保护单位。

寺院四周群山起伏，全年三个季节都在云雾之中。依陡崖、临深谷，是大山深处的修身养性之地。金灯寺地处半山，石窟依壁开凿，狭长的崖壁上现有 34 间殿堂，由东向西构成七进院，有大小洞窟 16 个、佛龛造像 8 躯、摩崖造像 500 多尊。木建筑有延寿殿、关公殿等。

进入山门的第一窟是仿木结构的三间殿堂式的洞窟，依山而凿，内雕三大士，左右为八大菩萨和二金刚，周围墙壁上雕满小佛像。

第四进院的第五窟水陆殿是整个寺院的中心，宽 10.2 米、深 9.2 米、高 4.89 米。扇面佛台正面是三世佛，背面是三大士像。水陆殿的精华是水陆雕刻图，即殿内东、西、北三面墙壁上，用减地平雕手法雕刻的佛、道、儒三教合一的水陆图。画面上是帝释天、大梵天、鬼子母、四天王、十六明王、护法善神、北极紫微大帝、金丹元君、后土圣母、五岳大帝、三官大帝、四海龙王、文昌大帝以及帝君王公、后妃宫女、文臣武将、僧尼道人、贤妇烈女等，仙佛道众汇聚一堂，是盛大的水陆大会。这也是迄今国内发现的唯一一组水陆雕刻，研究价值极高。最妙的是洞窟西北角有泉涌进，溢于池内，四季不断，旱涝如一，自古如此。深山洞窟的水景中古人朝拜佛寺、今人欣赏艺术，真是难得的宗教艺术世界。

第六、七窟在第五窟之上，并列而凿。第八窟外观为殿堂式佛龛，窟内雕太山神三尊。第九窟在半崖，距地面 2.5 米，有石阶，内雕三佛、左右四菩萨。

寺院东侧有清墓 44 座，山上还有塔林，残存大大小小 40 余座古塔。

北方地区的石窟造像在北魏和唐盛行，明代接近尾声。始建于北齐、盛于明的金灯寺是中国北方地区石窟雕像最晚的一处，是中国石窟艺术的余波。各窟内的造像融合艺术精华，承汉魏唐宋遗风，又具明代石雕特色，具有很高的历史及艺术价值。

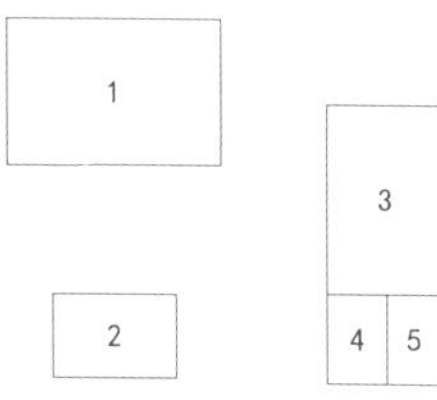

1. 从金灯寺远眺群山
2. 水陆殿内景
3-5. 水陆殿水陆图（局部）

旅游指南

交通：无公共交通可达，建议自驾，或从县城打车、包车前往

门票：20 元　开放时间：8:00 ~ 18:00

山西北部（雁北地区）

○ **大同**——北魏故都，云中旧郡

○ **朔州**——马邑之围的发生地

过雁门关一路向北，越今大同、朔州盆地，直抵外边长城，即是山西的雁北地区（1952 年至 1992 年为雁北专区）。1993 年，该地区设领六县的朔州市和领七区、县的大同市。

雁北地区是游牧与农耕文明的交汇处。千百年来，这里既有民族间和衷共济的优美图景，也有硝烟滚滚的无情厮杀，少数民族部落和中原政权在这里轮番登场，这个总是让中原王朝揪心、马背民族觊觎的地方，成了多民族文化相互撞击和融汇的战略要地。

西周至春秋时期，勇武善射的北狄、林胡、楼烦等部族聚居于此。战国时期，赵武灵王实行“胡服骑射”的军事改革，北破林胡、楼烦，开启了华夏民族与北方游牧民族之间相互融合的进程；西汉初年，汉高祖刘邦亲率 30 万大军北征，被匈奴冒顿单于的 40 万精兵围困，演绎了惊险的“白登之围”；汉武帝采取“马邑之谋”，正式拉开汉、匈之间全面战争的序幕，为中国画出了壮阔的边疆蓝图；南北朝时期，拓跋族建立的北魏政权迁都平城（今大同），开凿皇家石窟——云冈石窟，为大同留下了让人惊鸿一瞥的历史和重要的世界文化遗产；隋大业三年（607），隋炀帝过雁门关，经朔州，出杀虎口，访问突厥部族；五代十国，雁北成了少数民族文化繁荣的沃土，也成了杨家将演绎悲壮故事的前沿阵地；明朝时期，此地留下了蒙古人不断侵扰的背影，也留下至今巍然屹立、蜿蜒山脊的边墙（长城）。硝烟散尽之后，雁北地区留下了无数商人走西口的身影和发家致富的梦想。

雁北地区以其宗教建筑的多样、殿阔宇广、古典艺术之精美而著称。2001年被联合国教科文组织列入《世界文化遗产名录》的云冈石窟、我国现存规模最大的辽金寺院——善化寺、保存有辽代和明代塑像的华严寺、奇峰耸立的“北国万山之宗”北岳恒山、似神楼仙阁凌空危挂且被徐霞客称为“天下巨观”的悬空寺、世界三大奇观之一的应县木塔、尺寸最大的明代九龙壁……雁北有着太多数不清的建筑和艺术珍品，游览其中，仿佛徜徉在琳琅满目的艺术长廊中，不禁让人心生“雁北四百八十寺，多少楼台藏山中”的感慨。

大同乃北魏帝都，辽金陪都、明清重镇，是人才荟萃之地，也是美人辈出之乡。西汉才女班婕妤、勇冠三军的张辽、唐开国元勋尉迟恭、后唐奠基人李克用等皆出自该地区。明朝的学者谢肇淛在《五杂俎》中赞美大同“其繁华富庶不下江南，而妇女之美丽、什物之精好，皆边塞之所无有。市款既久，未经兵火故也”。谚称蓟镇城墙、宣府教场、大同婆娘为“三绝”。

雁北地区——这处风光旖旎、钟灵毓秀的塞上家园，珍藏着令人流连忘返的秀丽之景，蕴藏着令人驻足仰视的恢宏之美。自然风光与人文历史的交融，让独具魅力的她越发古韵悠长，仪态迷人。

行走在这块土地上，必然会经历一次记忆深刻的文化洗礼。

慈云寺
云林寺
云冈石窟
华严寺
善化寺
大同
悬空寺
朔州
佛宫寺释迦塔
觉山寺
崇福寺

大同

云冈区云冈石窟 | 平城区华严寺 | 平城区善化寺 | 灵丘县觉山寺
阳高县云林寺 | 浑源县悬空寺 | 天镇县慈云寺

大同是国家首批历史文化名城之一，自古为军事重镇和战略重地，是兵家必争之地。因其为北魏故都和辽金两代的陪都及汉明两代的边防重镇，故有“三代京华，两朝重镇”之称。正是这些深厚的历史积淀，为大同旖旎的边塞文化提供了展示的舞台。扼守中原的万里长城，五岳之一的北岳恒山，发源于恒山、灌溉了大同盆地的浑河，承载了北朝佛教文化的云冈石窟，这些景观或显示了大同极为重要的边防地位、凭山依水的山川形势，或保存了历史上北方民族接受佛教文化的遗迹。大同市现有全国重点文物保护单位 30 处，除了进入《世界遗产名录》的云冈石窟和万里长城外，还有被建筑学家梁思成誉为“海内孤品”的现存最为完整的辽代皇家寺庙——华严寺，以浓郁的辽金风格著称的善化寺彩塑，中国仅存的佛、道、儒三教合一的建于山崖间的独特寺庙悬空寺，原明朝代王府的琉璃照壁九龙壁，等等。这些文化瑰宝不仅创下多个唯一或第一的纪录，而且保存完整、规模宏大，见证了大同的风雨变迁，尤为难得。

第 20 窟佛像

【云冈区】

云冈石窟

YUNGANG GROTTOES

云冈石窟位于大同市西郊武周山南麓，依山开凿，由东向西绵延。“凿石开山，因岩结构，真容巨壮，世法所稀，山堂水殿，烟寺相望”，是北魏地理学家郦道元对当时盛景的描述。云冈石窟气魄宏大，内容丰富，是公元5至6世纪杰出的佛教石窟艺术的代表，1961年被列为第一批全国重点文物保护单位,2001年12月14日入选《世界遗产名录》，2007年5月8日被国家旅游局评为首批国家5A级旅游景区之一。

北魏和平初年（460），在著名高僧昙曜的主持下，北魏在武周山下开凿了5座石窟，这就是最早开凿的“昙曜五窟”，这几座石窟的编号是第16至第20窟。皇家的提倡，使造窟运动很快进入高潮，其他主要石窟大部分完成于北魏太和十八年

旅游指南

交通：大同云冈机场、火车站、南站和客运站暂无公共交通直达，建议打车、包车或在市区换乘直达景区的公交车前往

门票：120元（4月1日—10月31日）
100元（11月1日—次年3月31日）

开放时间：9:00 ~ 17:00

1. 石窟外观（局部）
2. 第 18 窟内景（局部
3. 第 18 窟东壁左胁
部特写

（494）孝文帝迁都洛阳之前。随着迁都洛阳，云冈的大规模修建停止了，洛阳龙门石窟成为云冈的继承者。云冈石窟按照开凿时间可分为早、中、晚三期，不同时期的石窟造像风格也各有特色。早期的“昙曜五窟”气势磅礴，具有浑厚、淳朴的西域情调。中期石窟则以精雕细琢、装饰华丽著称于世，显示出复杂多变、富丽堂皇的北魏时期艺术风格。晚期窟室规模虽小，但人物秀骨清像，面容俊美，比例适中。

经历了 1500 余年沧桑，云冈石窟遭受过无数天灾人祸，据说仅是被盗出境的佛像就有 1000 多尊，在很多窟内都可以看到伤痕累累的佛像。幸运的是，石窟整体格局被保存下来，1949 年以后逐渐得到保护。从东向西的石壁上，大小洞窟密布。现存石窟东西长约 1000 米，有编号的洞窟 45 个，附洞 207 个，大小造像 51000 多尊，其中最大的高 17 米、最小的高 2 厘米，总雕刻面积 2 万平方米。

石窟东端第 1 至第 4 窟被称作东部窟群。第 1、2 窟是同时开凿于孝文帝迁都洛阳前的一组，窟内中央雕造方形塔柱，四面开龛造像。第 1 窟又称“石鼓洞”，主像弥勒，塔南面下层雕释迦多宝像，上层雕释迦像。第 2 窟因地下水上涌，又称“寒泉洞”。北壁主佛释迦像风化严重，塔南面下层雕释迦多宝像，上层雕三世佛。

第 3 窟又称“灵岩寺洞”，在云冈石窟中规模最大，但到北魏灭亡也未建成。其前立壁高约 25 米，石壁上还有 10 多个巨大的圆孔。当时的设计是向石壁内侧开凿，在运出石料后的位置，

1. 第18窟东壁提水瓶弟子特写
2. 第18窟东壁弟子雕像
3. 第18窟东壁菩萨雕像

修建起与后部洞窟相连的一座巨大木阁。走进窟内，可以发现东、西两部分之间的石壁被掏空，成为内部通道。东部好像没有完工。西部雕刻精美的阿弥陀佛和观音菩萨、大势至菩萨，合称“西方三圣”，佛像高达10米，菩萨立像高6.2米。大佛面部圆润，表情超然，身体部分受到人为的严重破坏，实为遗憾。菩萨下半身已经风化,但高超的雕刻技艺仍一览无余。这一佛二菩萨是东部窟群中的最亮点，其建造年代还没有最后结论。

第4窟自然破损严重，南壁窟门上方发现北魏正光年间的《造像记》，是现存云冈石窟最晚的开凿时间记录。

石窟中部的第5、6窟，是孝文帝迁都前开凿的一组双窟。窟前现有清顺治八年（1651）建的五间四层木阁。第5窟又称大佛洞，内分前、后室。后室北壁高17米的释迦牟尼佛是云冈最大的佛像，经唐代泥塑重装，高大庄严。窟四壁和顶部满雕佛龛造像和彩绘。在大佛脚下，犹如身处佛国净土，即使不是信徒，也会感受到洞窟内的宗教氛围。这里也是所有游人必进的热门洞窟，旅游高峰期人潮涌动，想在这里停留极为困难。窟门两侧刻有对坐在菩提树下的二佛，下面是威风凛凛的金刚力士把门。

第6窟平面近方形，中央是一个连接窟顶的二层方形塔柱，高约14米。塔柱上雕有四方佛，窟内四壁密布佛、菩萨、罗汉、飞天造像，窟顶三十三诸天，

让人目不暇接。环绕塔柱四面和东、南、西三壁中下部，是描写佛祖从出生到成道过程的 33 个佛传故事。第 6 窟内容丰富、气势宏大、雕工精细，是云冈中期石窟中最具代表性的洞窟。

第 7、8 窟也是一组双窟，平面都是长方形。第 7 窟后室正壁上层刻有狮子座上的菩萨。东、西、南三壁布满佛龛造像，南壁门拱上 6 个供养菩萨，形象优美。窟顶雕有浮雕飞天，以莲花为中心，正在翩翩飞舞。第 8 窟内两侧有五头六臂乘孔雀的鸠摩罗天，东侧是三头八臂骑牛的摩醯首罗天，这种雕像在云冈极为罕见。

石窟中部的第 9 至 13 窟被称为“五华洞”，这五窟因在清代被施泥彩绘而得名。第 9、10 窟是前后室结构的双窟，北魏太和八年（484）动工，太和十三年（489）

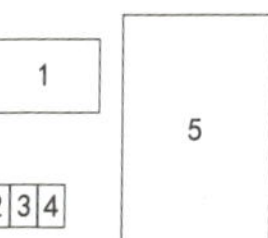

1. 石窟入口处
2. 第 6 窟明窗西壁佛传故事《白马吻足》
3-4. 第 6 窟菩萨立像
5. 第 5 窟楼阁上层东侧龛内坐佛

竣工。南壁凿成八角列柱，东、西壁上部雕出三间仿木构建筑的佛龛，满雕佛像、飞天。后室窟门上雕有明窗，北壁主佛是释迦佛。窟门上出现了类似传统木建筑庑殿式的大屋顶，是明显的中国化元素。后室分层开龛，内容多反映《法华经》内容。第 10 窟和第 9 窟类似，前室也是密布各类佛、菩萨和飞天、力士。在窟门上层东、西面都有二佛并坐形象。主像弥勒，后室门拱内外两面有精雕花纹。

第 11 至 13 窟是一组，中心是前后窟形式的第 12 窟。第 11 窟又称接引佛洞，中立方形塔柱，塔柱四面上下开龛造像，

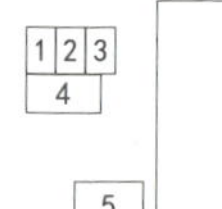

1. 第 12 窟前室东壁上层思维菩萨
2. 第 12 窟前室东壁上层交脚弥勒
3. 第 12 窟前室东壁上层思维菩萨
4. 第 9 窟明窗东壁坐莲菩萨与供养天
5. 第 9 窟窟顶夜叉及诸飞天
6. 第 10 窟明窗东壁菩萨与飞天

除南面上龛为弥勒外，其他都是释迦立像，华丽恢宏。正面立佛据说是模仿冯太后的形象塑造的。东壁上部有太和七年（483）造像题记。第 12 窟窟顶密布伎乐飞天，手持排箫、琵琶、横笛、束腰鼓等乐器，是研究中国音乐史的重要资料，被人们称为音乐窟。第 13 窟的菩萨像高 13 米，右臂下雕刻一力士在做奋力托举状，且有力学支撑作用，工匠富有人情味的巧妙构思更让人赞叹。

第 14 窟内的雕像大多风化，现在西壁上有部分造像，东侧有方形窟柱。第 15 窟内据统计雕有万余尊小佛坐像，人称“万佛洞”。

现在的第 16 至第 20 窟就是由昙曜和尚主持开凿的第一期窟洞，也是云冈最引人注目的部分。这 5 窟的主像实际是以入主中原后的道武、明元、太武、景穆、文成 5 位北魏皇帝为模特雕刻而成的。5 窟的共同特点是外壁满雕千佛，模拟椭圆形的穹庐形式，造像是代表过去、未来、现在的三世佛，形体高大。第 16 窟的释迦立像高 13.5 米。第 17 窟正中为菩萨装的交脚弥勒坐像，高 15.6 米。第 18 窟本尊为身披千佛袈裟的释迦立像，高 15.5 米，以手指心。据说这座佛就是曾经灭佛的太武帝的化身，这样的手势是在为自己的灭佛政策忏悔。东、西壁上有侍佛、胁侍菩萨和十大弟子像，面容典雅平静，保存情况较好。第 19 窟本尊为释迦佛坐像，高 16.8 米，是云冈第二大造像。第 20 窟的窟前石壁崩塌后，造像完全露天，俗称“露天大佛”。正中的释迦像高 13.7 米，面部丰满，深目高鼻，眼大唇薄，大耳垂肩，体现了鲜卑民族的勃勃生机，也是云冈石窟雕刻艺术的最杰出作品。据说这座大佛是北魏进入中原第一位皇帝道武帝的化身。露天大佛是云冈石窟的象征，也是参观者最集中的地方。

1. 第 9 窟前室北壁上层西龛释迦佛
2. 第 11 窟佛、菩萨、供养天、伎乐天众

【平城区】

华严寺

HUAYAN TEMPLE

华严寺位于大同古城内清远街与华严街交叉口西南角，距鼓楼约400米，其殿宇巍峨，气势雄伟壮观。华严寺曾为辽代皇室祖庙，辽金时期，寺院大部分建筑被毁。金熙宗天眷三年（1140），寺院重修大殿、观音阁、山门、钟楼等殿宇。金大定六年（1166），世宗完颜雍曾到华严寺巡视。元至大年间（1308—1311），华严寺重修并扩建。元末，又在战火中严重损毁。明代，华严寺重修并分上、下寺。明末清初，华严寺又遭战火，只余下寺辽代的薄伽教藏殿和上寺金代的大雄宝殿。1961年，华严寺被列为首批全国重点文物保护单位。今寺院大部分建筑为近现代在原址上重修的。

上寺以金代大雄宝殿为主，附建山

1. 山门
2. 新修建的寺前广场

门、享殿、观音阁、地藏阁及两厢廊庑，布局严谨。巍峨的大雄宝殿建在4米高的月台上，气势雄伟壮观，占地1559平方米，为国内现存最大的金代木结构建筑。殿正脊上的琉璃鸱吻体量巨大，高达4.5米，由8块琉璃构件组成。北吻系金代原物，历时800余年，光泽依旧；南吻系清代补制。殿内排成“一”字的佛坛上塑5尊鎏金大佛，为东、南、西、北、中“五方佛”，佛坛两侧的神台上各塑十二诸天，共二十四诸天。塑像均为明代所塑，清代重新装銮。大殿四壁上满布21幅清代巨幅壁画，总面积达900多平方米，内容为佛殿叙述的“七处九会”“五十三参”等故事。

下寺在上寺的东南侧，辽代主殿即

大雄宝殿东侧诸天塑像

薄伽教藏殿及其内同时代的彩塑、藏经阁、天工阁最负盛名，是华严寺的艺术精华。薄伽教藏殿体现了辽代建筑简朴大气的风格，面宽五间、进深四间，建于辽重熙七年（1038）——右侧椽底题有“维重熙七年岁次戊寅九月甲午朔十五日戊申午时建”字样。殿内四壁环列重楼式木构壁藏经阁 38 间，后窗上起天宫楼阁 5 间，两侧以拱桥与左右壁藏上部凌空相接，精巧的木构模型被梁思成称为“海内孤品”。

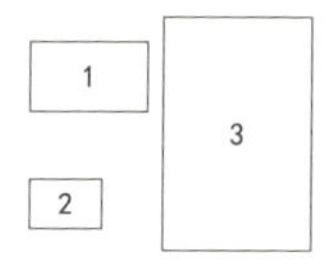

1. 华严下寺外景
2. 下寺薄伽教藏殿明间释迦牟尼佛及诸胁侍塑像
3. 下寺薄伽教藏殿南次间合掌露齿胁侍菩萨塑像（局部）

殿内佛坛上共有彩塑 35 尊，其中辽塑 29 尊、明塑 6 尊，是国内现存辽代塑像最多的佛殿。塑像分三组，主佛为“三世佛”即释迦牟尼佛、燃灯佛和弥勒佛。当心间主像为释迦牟尼佛，两侧分塑弟子、文殊菩萨、普贤菩萨和胁侍菩萨；北次间主像为燃灯佛，左侧塑弟子迦叶、地藏菩萨、胁侍菩萨和一

尊护法金刚，右侧塑弟子阿难和二胁侍菩萨；南次间主像为弥勒佛，左侧塑三胁侍菩萨，右侧塑二胁侍菩萨、观音菩萨和一尊护法金刚。南、北次间前的体量较小的一佛二胁侍为明代塑像。这些辽代塑像，尊尊精美，尤其是菩萨像，头冠雕刻细腻，面庞丰润，肌肤秀美，璎珞繁复，身材修长，极富魅力。其中，弥勒佛左外侧的合掌露齿菩萨最为知名。此像高 2 米，头戴宝冠，面如满月，双手合十，跣足站立，全身重心落在左脚，身体向右转，腰部形态婀娜，合掌露齿微笑的神态婉丽动人，备受学者和游客的推崇，被誉为“东方维纳斯”。其余的胁侍菩萨也具有类似的健美身躯，其丰润适度，沿袭唐风，却又有鲜明的契丹民族特征。

难以考证塑造这堂彩塑的塑匠为何方高人，但可以断定他和他的助手们一定有着超凡脱俗的审美品味，这种品味造就的美体现在每位菩萨像上，穿越了时空，成为永恒。郭沫若在参观完这些塑像后说：“比例合乎自然，表情特别生动”，“诚为不可多得之艺术作品”。郑振铎先生则赞叹殿内菩萨“几乎无一处不是美的制造品、最漂亮的范型”，认为这里“简直是一个博物馆”。

1. 下寺薄伽教藏殿北次间胁侍菩萨塑像
2. 下寺薄伽教藏殿明间胁侍菩萨塑像
3. 下寺薄伽教藏殿南次间合掌露齿胁侍菩萨及众胁侍塑像

旅游指南

交通：在市区打车或乘公交车至华严寺站或清远门南站后，步行抵达

门票：50 元

开放时间：8:30 ~ 17:30（4 月—10 月）
8:30 ~ 17:00（11 月—次年 3 月）

【平城区】

善化寺

SHANHUA TEMPLE

善化寺俗称“南寺”，位于大同古城南，以其辽金建筑群的完整性和其中的辽金塑像、明清壁画等，在1961年被列为第一批全国重点文物保护单位。

善化寺原名“开元寺”，始建于唐开元年间（713—741），五代后晋时更名为“大普恩寺”，金代重修，明正统十年（1445）更名为善化寺。“善化”比喻佛法如流水，万物入水而鲜洁，教化人们“向善”，沿用至今。1949年以后曾多次修缮。2008年复建了文殊阁。

善化寺门前有座明代的琉璃五龙壁，原是明万历年间（1573—1620）所建的兴国寺山门前的照壁，2009年改立在善化寺山门前。五龙

壁高 7 米，中部雕 5 条四爪金龙。正中金龙昂首摆尾，两侧二龙对称飞舞。

善化寺现在的主要建筑是山门、三圣殿、大雄宝殿等。山门面阔近 30 米，进深 10 余米，殿内有明塑四大天王，是我国现存最大的金代佛教寺院山门；山门北面的三圣殿也叫“过殿”，建于金天会六年（1128），该殿面阔五间、进深四间，单檐庑殿顶，屋檐下宏大华丽的斜斗拱是金代斗拱的典型做法。殿内保存着金大定十六年（1176）的《大金西京大普恩寺重修大殿记》石碑，由南宋使者朱弁所写，甚为珍贵——这位著名的大儒为朱熹的叔祖，被金人挟留在大同，在寺内开私塾 14 年，将寺院重建过程用文字记录了下来。三圣殿的佛台上，塑华严三圣和两身供养菩萨。菩萨坐像和所坐的须弥座体量巨大，占满整个殿宇，后世虽曾补修重妆，但仍然保持了金时的风格。2011 年，文物工作者在检查大殿墙壁时，发现了后屏墙的背面被泥层覆盖的 130 多平方米明代壁画。

善化寺主殿即大雄宝殿，位于 3 米多高的台

旅游指南

交通：在市区打车或乘公交车至永泰西门站后，步行即到

门票：免费

开放时间：
8:00 ~ 18:00，17:30 停止领券
（5 月 1 日—10 月 15 日）
8:30 ~ 17:30，17:00 停止领券
（10 月 16 日—次年 4 月 30 日）

1. 山门
2. 普贤阁侧影
3. 寺前五龙壁
4. 大雄宝殿内景

大雄宝殿东壁第 10 尊鬼子母天塑像

大雄宝殿东壁韦驮天塑像

大雄宝殿吉祥功德天塑像

基上，气势恢宏。其面阔七间（41.8米），进深5间（26.18米），是典型的辽金建筑。殿内中央佛坛上塑金身五方佛，弟子、菩萨两旁侧立；两侧尽间低矮的“凹”字形神台上塑二十四诸天，每位诸天像高达3米，是山西现存最大也可能是最美的诸天像。诸天根据典籍的描述，塑成男、女不同形象。有的着菩萨装，有的着帝王或帝后装，有的着文官大臣装，有的着武将装或戎装，还有的犹如赤脚力士，威武勇猛，令人畏惧。如东墙北侧第三尊韦驮天，头戴红缨头盔，身着铠甲，护肩、护腰处塑卧蚕眉威龙，目光炯炯，面容丰满，挺胸凸肚，与明代流行的韦驮像大相异趣；守护人间童子的鬼子母，则身着帝后装，乌发拢在头冠下，弯眉若柳，明目清澈，气质典雅；另一侧的功德天，则着一袭长裙和明黄色、绣花宽袖披衣，面容祥和，恬淡美丽至极。

大殿东西两侧有文殊阁和普贤阁，其中普贤阁为金代遗存，文殊阁为近代新修建筑，亦值得一赏。

大雄宝殿壁画准提佛母法会图

【灵丘县】

觉山寺

JUESHAN TEMPLE

觉山寺位于灵丘县城东南 15 千米处的红石塄乡觉山村西，又名普照寺，始建于北魏太和七年（483），是孝文帝为报母恩而敕建并赐名的佛塔。辽大安五年（1089），道宗敕旨重建，后代屡有修葺。寺内唯有砖塔和塔内壁画为辽代物，其余殿宇为清末重建。2001 年，觉山寺砖塔被列为第五批全国重点文物保护单位。

觉山寺殿宇建筑分布在东、中、西三条轴线上，共有建筑

1. 寺院外景
2. 大雄宝殿所在院落
3. 寺院一进院落

134 间，既有阁、楼、塔，又有殿、厅、堂，布局紧凑，形式多样。辽金时期的建筑在地震中损毁，现在的殿宇为清末所修，其内的壁画为时代杰作。如中院正殿的水陆画、东配殿佛传故事和东院弥勒殿壁画都值得仔细欣赏。

寺内最为珍贵的是巍峨高耸的 13 级八角密檐式砖塔，总高 43.54 米，砖雕精美，玲珑壮观，是我国现存辽代砖塔的典型代表。尤其第一层塔室四壁保存的 80 多平方米的辽代壁画更是弥足珍贵。画面中力士、天王等人物线条圆

劲粗壮，造型威猛刚毅，结构夸张自由，色彩富丽堂皇，特别是骨骼、肌肉等主要结构处用分染处理，突出人物的孔武有力。壁画继承唐代画风的同时，又极具异域风情，其表现出的技艺和奇妙人物形象，绝非一般画工所为。

另外，寺珍藏的北魏时期的《皇帝南巡之颂》碑堪称国宝。附近还有文成皇帝南巡的御射台和古栈道（北魏灵丘道）等历史遗迹。

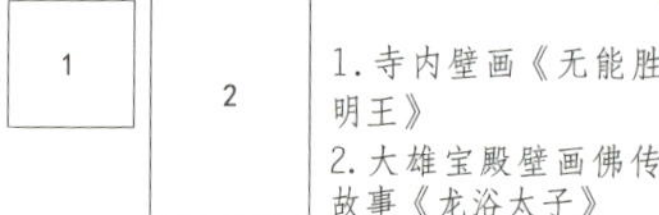

1. 寺内壁画《无能胜明王》
2. 大雄宝殿壁画佛传故事《龙浴太子》

旅游指南

交通：从大同市坐到灵丘县的长途汽车，再从县城打车或包车前往

门票：20 元

开放时间：7:00 ~ 19:00

五龍吸水

大雄宝殿

【阳高县】

云林寺

YUNLIN TEMPLE

大雄宝殿东侧第 8 尊笑狮罗汉塑像

云林寺俗称“西寺”或“西大寺”，坐落于阳高县城内西门南侧，始建年代不详。该寺遵从传统的寺院构建规制，坐南朝北，为两进院落。钟楼、鼓楼等建筑已毁，现仅存大雄宝殿、天王殿和东西配殿，其中天王殿和东西配殿在20世纪毁坏严重。大雄宝殿的建筑、塑像、壁画，为山西目前保存的唯一一处原汁原味的明代建筑和宗教艺术。2006 年，云林寺被列为第六批全国重点文物保护单位。

大雄宝殿面阔五间、进深四间，殿内面积约 200 平方米，单檐庑殿顶，梁架规整，斗拱细密，琉璃装饰，飞檐高翘。殿内采用移柱减柱法，突出了佛坛位置。佛

大雄宝殿东侧第 9 尊探手罗汉塑像

坛上塑三世佛、二弟子及两尊护法金刚像。东、西墙下坛上塑十八罗汉像，总计塑像 25 尊。罗汉形象生动，神情惟妙惟肖，宛若真人，塑造趋于写实性质。其衣纹大气，细节处富于变化。

殿内东、西、南三面墙壁以及扇面墙上绘满壁画，留存的明代壁画总计达 185.28 平方米，展现的是“法界水陆普度大斋胜会”。壁画以重彩平涂为主，沥粉贴金为辅，使大殿更显金碧辉煌。北壁画面被北门隔开，东、西两侧上列为佛，中列为菩萨，下列为明王和罗汉等；东、西两壁绘制的人物分为上、中、下三列，构图为平行式，分别绘制天、地有情众生参加水陆法会的盛景；佛坛后面的扇面墙正面两侧绘制二供养菩萨，背后绘制观音菩萨、文殊菩萨、普贤菩萨像和大梵天、帝释天王、五湖与四海龙王礼圣图。

1. 大雄宝殿西侧众罗汉塑像（部分）
2. 大雄宝殿北方多闻天王塑像
3. 大雄宝殿南方增长天王塑像
4. 大雄宝殿东壁往古贤妇烈女众壁画
5. 大雄宝殿东壁忉利帝释天王壁画
6. 大雄宝殿北壁日光菩萨像壁画

旅游指南

交通：从大同市坐火车或长途汽车前往阳高县，在县城内打车便能轻松到达

门票：免费

开放时间：8:00 ~ 18:00

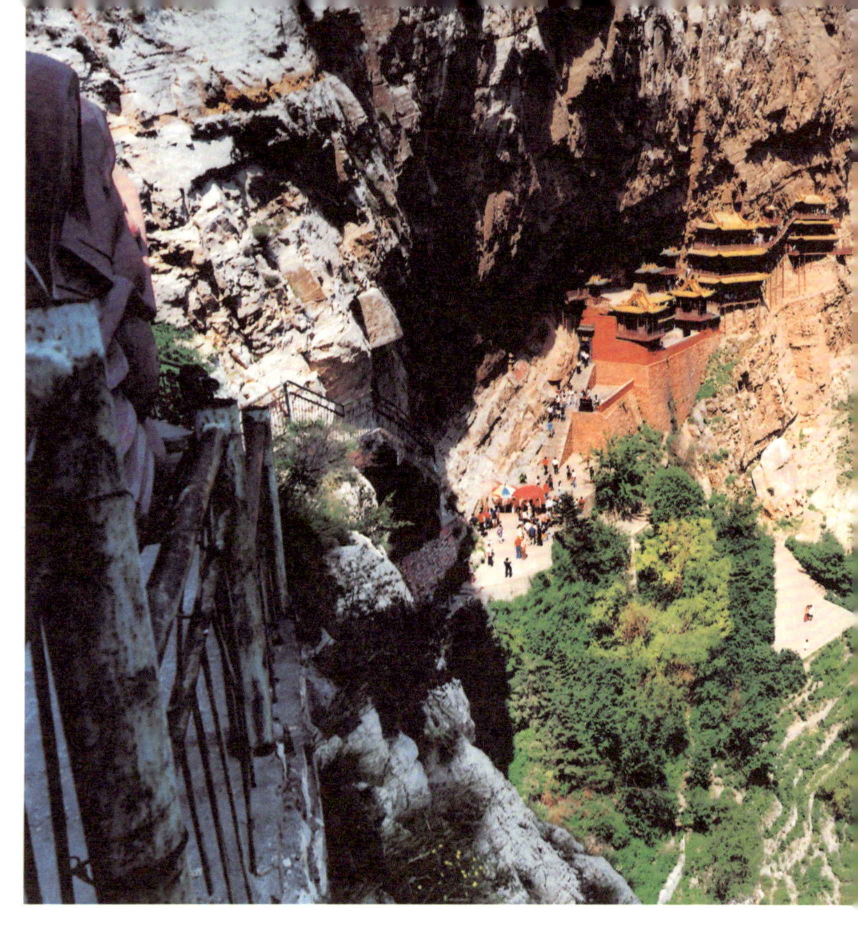

【浑源县】

悬空寺

THE HANGING TEMPLE

悬空寺位于中国著名的道教名山——北岳恒山之浑源恒山景区出入口的西侧崖壁上，始建于北魏后期，迄今已有1500多年的历史。悬空寺原来叫“玄空阁”，“玄”取自于中国传统宗教道教教理，“空”则来源于佛教的教义，后来改名悬空寺，整座寺院就像悬挂在悬崖之上，选址之奇特，建造之精妙，堪称中国古建筑之奇观。1982年，悬空寺被列为第二批全国重点文物保护单位。

悬空寺全景

悬空寺上载危崖，下临深谷，寺门向南，以西为正。建筑特色被概括为奇、悬、巧。首先，“奇”是指远望悬空寺，像一幅玲珑剔透的浮雕，镶嵌在万仞峭壁间。近看悬空寺，大有凌空欲飞之势。“悬”，是指全寺殿阁，表面看上去支撑它们的是十几根碗口粗的木柱，其实有的木柱根本不受力。据说在悬空寺刚建成时没有这些木桩，人们认为若没有任何支撑，走上去庙宇可能会掉下来，才在寺底下安置了些木柱。“巧”，主要体现在建寺时因地制宜，充分利用峭壁的自然状态布置和建造寺庙，将一般寺庙平面建筑的布局、形制等建造在立体的空间中。比如，寺中两座最大的建筑物之一的三官殿，就向岩壁要空间，殿前面是木制的房子，后面则在岩壁上挖了很多石窟，使殿堂变得开阔。

拾级而上，入寺门，穿暗廊，抵院内，南北各有危楼对峙，既是钟楼、鼓楼，又是门楼。院西依崖建面阔

四间、进深一间的双层双檐平顶楼阁一座。全寺建筑自山崖的南面向北一字排开，渐次增高。长数十米，宽约5米，大小殿阁四十余间，共分三组。第一组建筑以三佛殿（大雄宝殿）为主体，殿内供三世佛像。它们采用工艺复杂的夹苎法制成，轻巧美观，颇为珍贵。佛两侧弟子拱手侍立，明代铁铸韦驮像褒衣博带，面相丰满；中间一组建筑以三官殿为主体，奉祀道教，殿内供奉道教塑像；最后一组建筑以三教殿为主，为全寺最高建筑，三重檐歇山顶，奉儒、释、道三教之祖孔子、释迦牟尼和老子像。

悬空寺因奇景成为历代文人云游的必访之地，“飞阁丹崖上，白云几度封。蜃楼疑海上，鸟道没云中”。据说李白在岩壁上写下“壮观”两个大字，在“壮”上多加一点，以寓寺庙建造之奇特。明代旅行家徐霞客也称悬空寺为“天下巨观”。

要欣赏全景，悬空寺斜对面的桥边最佳。如想拍摄到最理想的照片，应该在晴天的清晨八九点钟，只有在这个时间段，东面的阳光才会照射到崖壁上的悬空寺。

1. 栈道
2. 雷音殿右侧胁侍、天王塑像
3. 报身佛殿中的石雕报身佛像
4. 雷音殿释迦牟尼佛塑像

旅游指南

交通：在大同汽车站搭乘前往浑源汽车站的班车，抵达后打车前往即可

门票：入园15元，登临费100元

开放时间：8:30～16:30（1、2、11、12月）
8:00～17:00（3、4、10月）
8:00～18:00（5、6、7、8、9月）

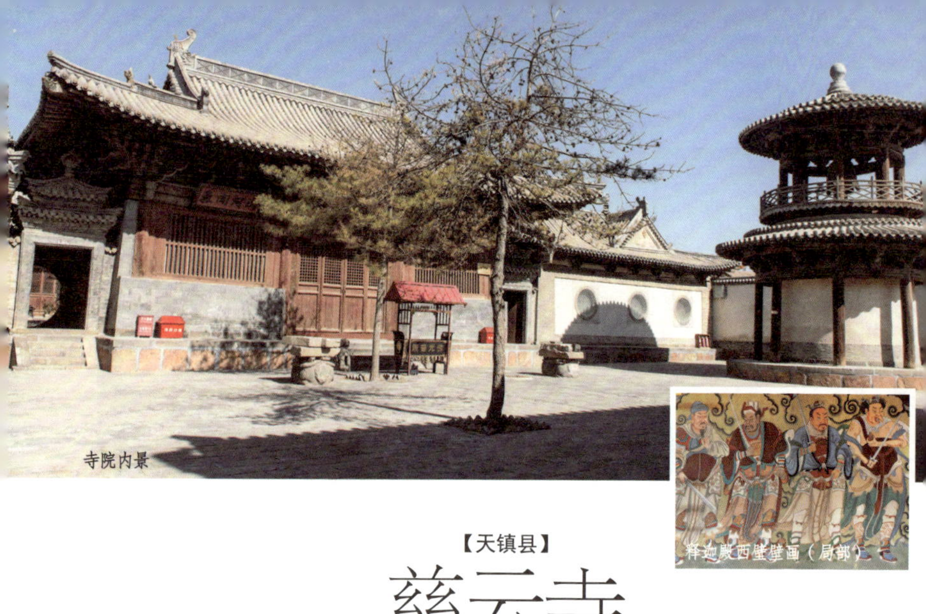
寺院内景

释迦殿西壁壁画（局部）

【天镇县】

慈云寺

CIYUN TEMPLE

慈云寺位于天镇县城西街路北，原名“法华寺”，始建于唐代。慈云寺以其历史久远、规模宏大而著称，被誉称“关北巨刹”。在天镇民间则流传有“大庙盖成小庙庙，钟、鼓楼盖成草帽帽”的说法。现存的慈云寺是明宣德年间（1426—1435）的完整古建群。寺院山门、金刚殿、大雄宝殿、释迦殿、毗卢殿位于中轴线上，观音殿、地藏殿分列东、西两厢。慈云寺建筑群高低错落、规整对称，2006 年被列为第六批全国重点文物保护单位。

释迦殿内佛像为新塑，壁画为明代遗存，正面是十二圆觉菩萨，西山墙和东山墙是佛、天众、菩萨众、日月星辰、帝王、天神等。壁画高 5 米，总长 36 米，面积 180 平方米，不过令人颇为遗憾的是，壁画被今人重绘，古韵全无。

毗卢殿是慈云寺最大的建筑，殿顶还有一组完整的明代琉璃珍品，龙、凤、狮子、麒麟等走兽一应俱全，顶脊中央一对赤身童子像被称为“吉祥童子”，琉璃葫芦宝瓶上插铁铸莲花，上边一只铁候风鸟和浑源圆觉寺塔顶的一样，起到候风仪的作用。

圆形攒尖顶的钟楼、鼓楼是慈云寺里最特殊的两座建筑。钟楼、鼓楼建于元代，明宣德七年（1432）重修。使得钟楼、鼓楼的建筑风格兼具草原文化和中原文化的特点，在元明时期建筑中极为罕见。

旅游指南

交通：大同市或河北张家口有火车和长途汽车途经天镇县，再从县城打车或乘公交车到慈云寺站下车即到

门票：免费（参观需征得同意）

开放时间：全天

朔城区崇福寺 | 应县佛宫寺释迦塔

朔州位于桑干河上游，地势险要，扼南北咽喉，历来是南进中原一大重要军事关隘。作为著名的边防重镇，这里印刻了深深的战争痕迹，广武汉墓群埋葬了无数血染边关的汉朝将士，一片瀚海戈壁的金沙滩遗址更是见证了宋辽战争中杨家将“七子去、六子回”的悲壮故事。虽然这座城市经历了这么多杀伐征战，但正是由于游牧、农耕民族频发摩擦冲突，才为此地的多种文化并存提供了条件，拥有 8 处全国重点文物保护单位恰恰证明了这一点。始建于辽代的佛宫寺释迦塔（俗称“应县木塔”）和始建于唐代、金代大修的崇福寺都是在少数民族政权统治这些地区时兴建和维修的，因而此地建筑除了保留传统的中原建筑风格外，又融合了大量契丹、女真的民族风格，规模宏大，风格粗犷，堪称民族融合背景下的伟大精品。

弥陀殿

【朔城区】

崇福寺

CHONGFU TEMPLE

千佛阁

山门

崇福寺位于朔州市朔城区东大街北侧，始建于唐麟德二年（665）。金天德二年（1150）寺院大修后改名为“崇福禅寺”。寺内金代建筑、塑像、壁画、花样繁多的隔扇门和“花带匾额”，被称为崇福寺“五绝”。1988 年，寺院被列为第三批全国重点文物保护单位。

崇福寺规模宏大，为前后五进院结构。进入山门，穿过天王殿，二进院中间是面阔七间、进深三间的二层楼阁建筑——千佛阁，明代之前为藏经楼，明重修后供奉佛像并更名千佛阁，阁楼高 4.5 米，大气中透着秀丽；三进院落中央是明代重建的大雄宝殿，东配殿是文殊堂，西配殿是地藏堂，内部塑像已不存；

弥陀殿阿弥陀佛右胁侍菩萨塑像

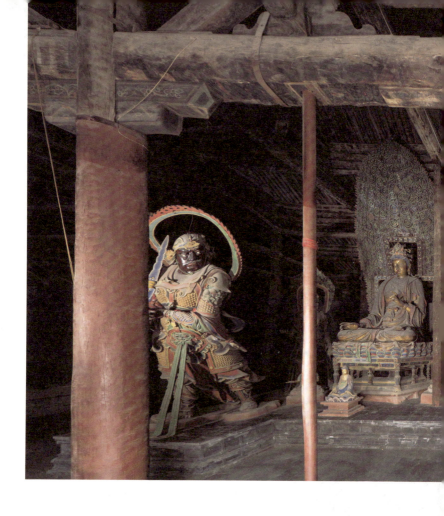

四进院核心是建于金熙宗皇统三年（1143）的弥陀殿，殿宇建在高 2.4 米的石台基上，面阔七间、进深四间八椽，单檐歇山顶。“弥陀殿”竖匾是金大定二十四年（1184）的原物。前檐五开间槅扇门上的棂花图案，玲珑剔透，镂刻精美，有三角纹、古钱纹、桃白球纹等保存完好的透心图案 15 种之多。殿顶上琉璃脊饰精美，两角鸱吻高大，中央的将军塑像神采飞扬，力士动感十足；五进院主殿为观音殿，面阔五间，进深三间，前有月台，内有塑像。

弥陀殿可谓是崇福寺的精华所在。殿内倒“凹”

弥陀殿西次间大势至菩萨

弥陀殿全堂

字形佛坛上塑“西方三圣”，主像为阿弥陀佛，两侧分别为观音菩萨和大势至菩萨。阿弥陀佛像两侧和两大菩萨外侧，共塑四尊胁侍菩萨，最外侧塑两护法天王。主佛阿弥陀佛衣纹简洁自然，胸前以旋纹装饰，面相丰润，颇具唐韵和宋塑之美；两菩萨花冠精致华美，项佩璎珞，臂戴腕钏，衣裙披于莲台四周，贵气持重。胁侍菩萨高挑俏丽，肌肤柔丽，头微侧，腰臂弯曲，嘴角含笑，富有青春活力。三圣身后均有高大的火焰形背光，阿弥陀佛背光高达 14 米，上塑稀疏卷云，云上坐小阿弥陀佛、飞天、十二乐伎。另两位菩萨的背光高 12 米，同样精美，背光上卷云和旋花似唐宋图案中的缠枝和卷草，自下而上连续不断扩展至顶端。四位胁侍菩萨的身后皆有镂空的火焰状彩绘背光，为金代所独创。此堂造像虽经明代重妆，但金代风貌、造型几乎没有变化。

弥陀殿四壁上保留金代壁画300多平方米，内容是西方净土宗的佛教说法图。东西两壁各有三组佛说法图，构图大致相同，佛结跏趺坐端坐于中，两侧侍立大菩萨或供养菩萨，上部有飞天前来听法大十方佛。其中，中性化菩萨窈窕的身姿，脸上的小胡髭、胸前繁复华丽的璎珞、珠宝玉石镶嵌的头冠、华丽的衣着和圭形背光最有特色，也最吸引人们的目光；南壁西侧为千手观音像，高超过4米，手臂繁多而不紊乱，每只手的掌心各有一眼，但神态各异；西侧绘三尊佛和地藏、除盖章、妙吉祥菩萨，似为明代重绘；北壁的壁画在抗日战争期间，被日本学者揭取，只剩余东梢间门框西侧的一尊菩萨像和门楣上十六观相图、西梢间门楣上的八宝观音图。整堂壁画气势宏伟，主次分明，人物造型典雅，可谓简练处不单调、富丽处不繁缛，线条见力、色彩见功、人物见神，是承袭了唐画风韵的优秀作品。

崇福寺曾拥有一北魏千佛石塔，又称曹天度石塔，是北魏天安元年（466）献文帝内侍曹天度倾财为祈福、悼念去世亲人所造。石塔为仿木结构，高2米，有9层，上面密布佛像，是中国已知最早的单体石塔。塔座上的魏碑体题记亦为历代文人临摹的名帖。抗战期间，石塔的塔身和塔座被劫运到日本，现在塔身和塔座收藏于台北故宫博物院，塔刹留在寺院。

旅游指南

交通：坐火车或长途汽车到朔州站，再打车或乘公交车至玉百商贸站后步行约5分钟可达

门票：免费

开放时间：9:00 ~ 17:00

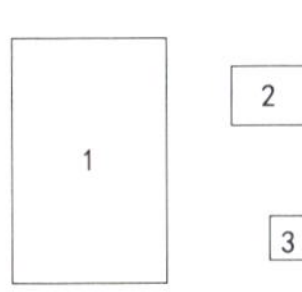

1. 胁侍菩萨像壁画
2. 弥陀殿西壁壁画《释迦牟尼说法图》
3. 弥陀殿南壁东侧地藏王菩萨像

【应县】

佛宫寺释迦塔

PAGODA OF FOGONG TEMPLE

应县佛宫寺释迦塔，俗称“应县木塔”，坐落于应县城西北角的佛宫寺内，是佛宫寺的中心建筑，通高 67.31 米，巍然屹立于山门和大殿之间。木塔始建于辽清宁二年（1056），金明昌六年（1195）修缮时，在木塔内增修彩塑和壁画，并制作“释迦塔”匾额悬于第三层南面檐外。现在的佛宫寺，有钟鼓楼、木塔、大雄宝殿、观音殿、地藏殿，1961 年被列为第一批全国重点文物保护单位。

应县木塔被称为世界建筑史上的奇迹，是世界上现存的最古老、最高大的

释迦塔外景

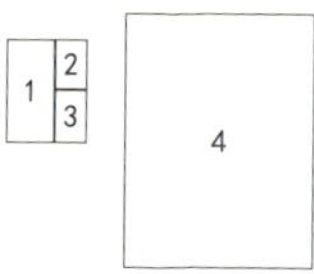

1. 塔底层东方持国天王壁画
2. 塔底层壁画密迹金刚之一
3. 释迦塔第一层释迦牟尼佛像壁画
4. 释迦牟尼塑像佛面部特写

纯木结构建筑，在建筑技艺上与法国埃菲尔铁塔、意大利比萨斜塔齐名，被称为“世界三大奇塔”。塔底层直径30.27米，总重约7400吨。木塔由塔基、塔身、塔刹三部分组成。木塔为平面八角形，实为9层，外看是5层，其中4层为暗层。各层内部有内、外两圈圆形木柱支撑，每层外有24根、内有8根，木柱之间还有许多斜撑、短柱，这样的结构好似两个相连的木套，极大地增强了木塔的稳定性和抗震能力。八角攒尖式的塔顶上精美的铁刹，使木塔线条更为壮观。

木塔的建造大量使用斗拱，种类达54种之多，可谓世界首屈一指的“斗拱博物馆”。整座木塔不用一枚铁钉，全部采用卯榫咬合勾连。古塔历经千年，在历次地震中都昂然屹立，毫发无损，可以说是奇迹中的奇迹。

木塔一层南、北各开一门，二层以上有平座栏杆，每层间有木质楼梯。二至五层每层都有四门。木隔扇的设计方便光线进入塔内，凭栏远眺，可以俯瞰整个应州古城。木塔内外各门共悬有50多块金至民国的匾额，其中以两块“皇匾”最为著名，一是明成祖朱棣于永乐四年（1406）率军驻应州时，题写的“峻极神工”匾，一是

明武宗朱厚照于正德三年（1508）击败鞑靼、宴请立功将领后，欣然登塔题下的“天下奇观”匾。

塔内明层中央的佛坛上都塑有佛像：第一层中间是释迦牟尼佛，高11米，顶有精美华丽的藻井；第二层佛坛上是一佛、二菩萨和二胁侍；第三层佛坛上是四方佛；第四层佛坛上是佛和弟子阿难、迦叶及文殊、普贤菩萨；第五层佛坛上是佛与各坐一方的八大菩萨。每层的塑像都精美、充溢着时代气息。虽经过历代补妆重绘，但仍不失辽塑风格。

木塔内的壁画也堪称精品。壁画主要在塔内一层内槽的六面墙壁上和南北两道门两侧，除前檐门道两侧壁画经后人重新描画过，其余均为辽金时期原作。内槽墙壁上绘制6幅如来巨星画像，线条洗练，画风简约，为山西现存壁画之罕见。尤其是佛像上方两侧的飞天，肥美丰腴，有的立地献花，有的双手捧花、双脚相交飞下……南、北门道两侧的四天王、金刚、佛弟子像补绘于金代；前、后门额板上绘制衣着华丽的三男三女供养人。此堂壁画沿袭了隋、唐及五代壁画脉络，主像布满墙壁，其他衬景与胁侍甚少，人物造型注重神情刻画。在技法上以重彩平涂为主，线条多用兰叶描，行笔流畅自如，线条抑扬顿挫，不仅使衣饰具有动感和层次感，也使所绘人物充满了灵性。由于木塔的特殊构造，这些壁画虽历经近千年犹光彩如新。

特别值得一提的是，在历次抢救维修塔中塑像时，在佛像内发现了极为珍贵的辽代经卷、佛牙舍利等文物。经卷有辽代手抄本、木版印刷本，有的经卷长超过30米，其中的辽刻彩印经卷更是填补了中国印刷史的空白。

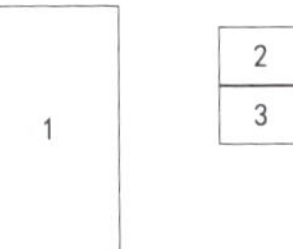

1. 释迦塔第一层拘那含佛像壁画
2. 释迦塔第二层全堂
3. 释迦塔第三层全堂

旅游指南

交通：在大同市、朔州市等地可乘长途汽车到应县汽车站，再打车或乘公交车前往

门票：48元

开放时间：8:00～17:00

责任编辑：陈　一
封面设计：施慧婕
责任校对：王君美
责任印制：汪立峰 陈震宇

版式设计：杭州大视角文化传播有限公司
编写人员：杨平、李广洁、谢薇、刘勇、李原昭、武彦龙
摄影：薛华克、梅佳、欧阳君、张晓磊、秦红宇、杨平、梁铭、厉晋春、王彦军、刘朝晖、任五刚、梁达、郑元益、王林、畅扬、宋林梅

图书在版编目（CIP）数据

国宝之旅 ： 山西 / 杨平主编. -- 杭州 ： 浙江摄影出版社, 2024. 9（2025. 5重印）. -- ISBN 978-7-5514-5008-9

Ⅰ. K872.250.2

中国国家版本馆CIP数据核字第2024NS5450号

GUOBAO ZHI Lü SHANXI

国宝之旅·山西

杨平　主编

全国百佳图书出版单位
浙江摄影出版社出版发行
　　地址：杭州市环城北路177号
　　邮编：310005
　　电话：0571-85151082
　　网址：www.photo.zjcb.com
制版：杭州大视角文化传播有限公司
印刷：杭州捷派印务有限公司
开本：889mm × 1194mm　1/32
印张：12.625
字数：210千字
2024年9月第1版　2025年5月第3次印刷
ISBN 978-7-5514-5008-9
定价：128.00元